W0049277

Nadja Niemeyer
Gegenangriff

Ein Pamphlet

Diogenes

Covermotiv: Design von Rahel Bünter
Copyright © Diogenes Verlag

Der Diogenes Verlag wird vom Bundesamt für Kultur
für die Jahre 2021–2024 unterstützt

»Weh dem Menschen, wenn nur ein
einziges Tier im Weltgericht sitzt.«
Christian Morgenstern

Mit ihrer Rücksichtslosigkeit, ihrem Energiebedarf und ihrer Unersättlichkeit haben die Menschen schon Abertausenden von Arten den Garaus gemacht. Doch nun geht es auch dem Homo sapiens an den Kragen. »Denn ohne die Menschen, da waren sich die Tiere einig, würde das Leben auf der Erde bedeutend angenehmer und vor allem sicherer werden.« Dieses Buch ist ein wortgewordener Wutausbruch, abgründig, böse, witzig – und mit radikaler Dringlichkeit vorgebracht.

Ein Pamphlet gegen die Hybris des Menschen und ein Plädoyer für die Vielfalt in der Natur

NADJA NIEMEYER heißt in Wirklichkeit anders. Sie hat sich für ein Pseudonym entschieden, um nicht an Debatten teilnehmen zu müssen. Es ist ihr Ernst mit ihrem Anliegen, und sie hat diesem Buch nichts hinzuzufügen.

d

Inhalt

Gemeine Hauskatze
Felis catus

Der Untergang der Menschheit begann mit einem Katzenvideo. Die Menschen fanden die darin gezeigten Tiere niedlich, und da dies für sie so ziemlich der wichtigste Maßstab war, wurde die Aufzeichnung millionenfach über die sozialen Netzwerke verbreitet. Man hielt das Menetekel an der Wand für ein hübsches Fresko. Als die ersten Betrachter begannen, die Bedeutung des Videos zu begreifen, war es für Gegenmaßnahmen zu spät. Gegen einen Tsunami helfen keine Regenmäntel.

Das Ende der Menschheit begann im Januar 2034 und war schon wenige Jahre später endgültig besiegelt.

Auch wenn einzelne Exemplare, vergleichbar mit den letzten Breitmaulnashörnern, weiterhin eine mühsame Existenz fristeten, kann doch gesagt werden: Im Jahr 2038 war die Gattung Homo sapiens weitgehend ausgestorben oder hatte doch ihre Rolle als führende Spezies ein für allemal verloren. Ihr Verschwinden markierte einerseits den Höhepunkt des massenhaften Artensterbens im Anthropozän, war aber gleichzeitig auch der Beginn eines dringend notwendigen Heilungsprozesses für den Planeten.

Der Mann, der das Video ins Netz stellte, hieß Kevin S. Anderson und war von Beruf *facility manager* im Biotech-Unternehmen Reviron Inc. in San Francisco, was bedeutete, dass er an sechs Tagen in der Woche durchgebrannte Glühbirnen auswechselte und andere kleine Reparaturen vornahm. Anderson war es auch, der dem Video seinen ursprünglichen Namen gab: *Our Clever Cats*.

Der später allgemein übliche Titel *Doomsday Cats* wurde von einem namentlich nicht bekannten Redakteur des *Williamsburg Gazette-Journal* erfunden. Er benutzte ihn als Überschrift für einen Artikel, in dem seine Zeitung zum allerersten Mal die Möglichkeit in Betracht zog, das inzwischen allgemein bekannte Katzenvideo könnte das Anzeichen einer größeren Veränderung sein.

Das Video stammte aus einer Überwachungskamera im Forschungsbereich von Reviron Inc. Die noch junge Firma gehörte nicht zu den ganz Großen der Biotech-Industrie, hatte aber durch die Entwicklung einer innovativen Therapie für das seltene Beckwith-Wiedemann-Syndrom einen ersten großen Erfolg erzielt und danach bei Venture-Capital-Gesellschaften sehr viel Geld einsammeln können.

Die Überwachungskamera war montiert worden, weil es aus den Schließfächern, in denen die Mitarbeiter während der Arbeitszeit ihre persönlichen Effekten aufbewahrten, mehrmals zu Diebstählen gekommen war. Der Eigentümer einer Schließfachs konnte die Kombination, mit der es zu öffnen war, selbst programmieren und die Tür durch die Eingabe dieser Zahlen und des Zeichens # am zugeordneten Keypad öffnen. Möglicherweise hatte der Dieb seine Kollegen heimlich bei der Eingabe ihrer Nummer beobachtet.

Die Schließfächer waren in drei Reihen übereinander angeordnet; das Fach, das in dem Video eine so sensationelle Rolle spielen sollte, befand sich in der mittleren Reihe.

Die tägliche Überprüfung und Löschung der Aufnahmen gehörte zu den Aufgaben des Facility Managers. Bei dieser Tätigkeit stieß Mr. Anderson auf das ungewöhnliche Verhalten der beiden Katzen, bewahrte die Aufzeichnung dieses Tages (10. Januar 2034) auf und lud den entsprechenden Ausschnitt später auf YouTube hoch.

Die beiden »Darsteller« waren ihm wohlvertraut. Es gehörte zu seinem Aufgabenbereich, sie zweimal am Tag zu füttern und regelmäßig die Kiste mit ihrem Kot sauber zu machen. Für die Fütterung bewahrte er in einem freien Schließfach eine große Plastiktüte mit Futterpellets auf. Für das Keypad hatte er, um sich die Zahlenkombination besser merken zu können, den Code 3120# gewählt, nach der Position der Buchstaben des Wortes CAT (3/1/20) im Alphabet.

Die beiden Katzen waren ursprünglich angeschafft worden, weil eine Mitarbeiterin der Reinigungsequipe in einem Büro der Firma eine Maus gesehen haben wollte, eine Sichtung, die sich später nicht bestätigte. Die Tiere wurden in der Firma bald zu allgemein beliebten Maskottchen. Ein Mitglied der Geschäftsleitung machte sogar den nicht ganz ernst gemeinten Vorschlag, sie ganz offiziell als *emotional support animals* auf die Lohnliste zu setzen.

Natürlich war den Tieren der Zugang zum Labortrakt mit seinen strengen Hygienevorschriften verboten, aber die dort beschäftigten Wissenschaftler hielten sich von Anfang an nicht konsequent an diese Vorschrift.

Die beiden Katzen gehörten zur speziell für die Jagd

auf Mäuse und Ratten gezüchteten Rasse Amerikanisches Kurzhaar: ein kastrierter Kater mit getigertem Fell und ein etwas kleineres Weibchen mit schwarzem Rücken und einem weißen Brustfleck. Der Leiter des Forschungsteams, Dr. del Castro, hatte ihnen mit dem für ihn typischen Humor die Namen Professor Einstein und Madame Curie gegeben.

Die Sequenz, die den ersten dokumentierten Fall der neuen Pandemie zeigte, war vierzehn Minuten lang. Gemäß der eingeblendeten digitalen Anzeige begann die Aufzeichnung um 17:14 Uhr. In der am häufigsten verbreiteten Version waren die Bilder mit einer instrumentalen Fassung des Titelsongs *Memory* aus dem Musical *Cats* unterlegt. Die originale Aufnahme enthielt keine Tonspur.

In dem Video war Folgendes zu sehen:

17:17
Die Kamera ist auf die Wand mit den Schließfächern gerichtet. Von vorne links nach hinten Mitte kommt ein auf Rollen befestigter Hocker ins Bild. Zuerst hat man den Eindruck, dass er sich von selbst bewegt, dann sieht man, dass die Katzen Professor Einstein und Madame Curie ihn mit ihren Köpfen schieben.

17:18
Der Hocker stößt an die Wand mit den Schließfächern und kommt zum Stehen. Madame Curie läuft nach rechts aus dem Bild.
Professor Einstein springt auf den Hocker. Er sitzt mit dem Rücken zur Kamera, sodass sein Körper das Key-

pad des Schließfachs mit dem Katzenfutter verdeckt. Es ist deshalb nicht deutlich zu erkennen, was er mit seinen Pfoten macht, aber die Tür des Schließfachs öffnet sich.

17:19
Madame Curie kommt, rückwärtsgehend, von rechts. Sie hat die Zähne in ein Plastikgefäß geschlagen, das sie hinter sich herzieht. Sie deponiert das Gefäß direkt neben dem Hocker.
Professor Einstein springt durch die offene Tür in das Schließfach.

17:20
Professor Einstein ist nicht zu sehen. Madame Curie kauert in Sprungposition neben dem Hocker und blickt nach oben.

17:21
Eine große Plastikpackung mit Katzenfutter kippt nach vorn über den Rand des Schließfachs.
Madame Curie springt mit ausgestreckter Pfote und ausgefahrenen Krallen nach oben. Sie wiederholt den Sprung noch zweimal. Beim dritten Mal gelingt es ihr, einen Riss in die Verpackung zu machen. Ein Strom von Futterpellets ergießt sich in das bereitstehende Gefäß.

17:23
Ohne dass wir eine Ursache dafür erkennen können,

bewegt sich die Packung in das Schließfach zurück.
Es ist anzunehmen, dass Einstein sie mit den Zähnen
zieht.
Madame Curie schiebt das Gefäß mit den Pellets nach
links aus dem Bild.

17:24
Einstein springt aus dem Schließfach auf den Hocker
zurück. Auf den Hinterpfoten stehend, schiebt er die
Türe zu, bis der Schließmechanismus einrastet.

17:25
Madame Curie kommt zurück. Die Katzen schlagen
auf den Hinterbeinen stehend ihre Vorderpfoten anei-
nander. Bei Menschen würde man sagen: Sie klatschen
ab.
Dann fressen sie die Futterpellets, die das Gefäß ver-
fehlt haben und auf den Boden gefallen sind.

17:26
Wieder mit den Köpfen stoßend, schieben sie den Ho-
cker nach links aus dem Bild.

17:27
Das Video zeigt wieder nur das scheinbar unverän-
derte Regal mit den Schließfächern.

Auf Instagram und anderen Plattformen entwickelte sich
schnell eine heftige Diskussion über die Echtheit des Videos. Die meisten User waren der Meinung, dass man es

dabei mit einem computergenerierten Fake zu tun haben müsse, wahrscheinlich Teil einer Guerilla-Marketing-Kampagne für Katzenfutter. Dagegen sprach allerdings, dass das Design der Packung schlecht erkennbar und der Markenschriftzug nie im Bild war. Ein professioneller Werber, hieß es in vielen kritischen Kommentaren, hätte das bestimmt anders gemacht.

Neben vielen anderen wurden folgende Haupteinwände gegen die Echtheit des Videos genannt:

a) Katzen sind zu einer geplanten und koordinierten Zusammenarbeit, wie sie hier scheinbar zu sehen ist, gar nicht fähig.

b) Es ist unmöglich, dass eine Katze allein durch Beobachtung die Funktion eines Keypads versteht und sich die entsprechende vierstellige oder, zusammen mit der am Schluss zu betätigenden #-Taste, sogar fünfstellige Zahl merkt.

c) Das »Abklatschen« ist eine typisch menschliche Geste, die sich mit den natürlichen Verhaltensweisen einer Katze in keiner Weise in Einklang bringen lässt.

d) An jenem 10. Januar 2034 hatte im Konferenzsaal der Firma wie an jedem Freitag um 17:00 Uhr ein sogenanntes Motivation Meeting begonnen, an dem sich die einzelnen Forschergruppen gegenseitig über den Stand ihrer Projekte informierten. Die Teilnahme an diesem Meeting war für alle Mitarbeiter obligatorisch, sodass sich zu diesem Zeitpunkt niemand im Labor befand. Skeptiker hielten es für ausgeschlossen, dass die beiden Katzen den Zeitpunkt für ihren Raubzug derart bewusst gewählt haben sollten.

Reviron Inc. verweigerte unter Berufung auf das Geschäftsgeheimnis jede genauere Information über die Art von Forschung, die in diesem Labor betrieben wurde, und teilte nur mit, es werde dort an »biochemischen Neuentwicklungen zur Bekämpfung genetisch bedingter Erkrankungen« gearbeitet. Später, nach dem Zusammenbruch des Regierungsapparats, war dann niemand mehr da, der entsprechende Fragen mit dem nötigen Nachdruck hätte stellen können, selbst wenn aufseiten der Firma noch jemand in der Lage gewesen wäre, sie zu beantworten.

Die These, als Initialzündung für die Entstehung des neuen Phänomens komme eine Kontamination mit einer der im Labor von Reviron Inc. verwendeten Zellkulturen infrage, konnte nie bestätigt werden. Es wurde keine allgemein akzeptierte wissenschaftliche Erklärung gefunden.

Hausrind
Bos taurus

Einen Monat später, am 4. Februar 2034, erregte ein weiteres Ereignis ein über die Grenzen von Kalifornien hinausgehendes Aufsehen: das sogenannte Schlachthaus-Massaker. Es ereignete sich in Parkfield (Monterey County), etwas mehr als zweihundert Meilen südlich von San Francisco. Später wurde versucht, aus dem zeitlichen und geografischen Abstand zwischen den beiden Geschehnissen Aussagen über die Ausbreitungsgeschwindigkeit der neuen Pandemie abzuleiten, doch es wurde bald offensichtlich, dass die so errechneten Daten weit unter den tatsächlichen Werten lagen. Zum Zeitpunkt des Schlachthaus-Massakers umfasste die Verbreitung des neuen Syndroms schon den ganzen amerikanischen Kontinent, um bald darauf auch auf Europa, Asien und Afrika überzugreifen. Australien und Neuseeland folgten ein paar Tage später.

Die Kette von Ereignissen begann auf einer Rinderweide, die zur kleinen, aber renommierten Menendez-Rinderfarm gehörte. Deren Besitzer, Sam Menendez (43), war ein überzeugter Verfechter der biologischen Landwirtschaft. Seine Herde bestand ausschließlich aus den als besonders gutmütig bekannten Hereford-Rindern, wobei Menendez die genetisch veränderte Zuchtlinie, die Kühe ohne Hörner produzierte, aus prinzipiellen Gründen ablehnte. In Anbetracht der Ereignisse jenes Tages erwies sich das nachträglich als tragischer Fehler. Die auf der Menendez-Ranch aufgezogenen Kühe erhielten kein Silofutter und verbrachten ihr ganzes Leben auf der Weide, was zu einer besseren Fleischqualität führte. Dadurch erzielte Menendez für seine Tiere höhere Preise als seine Konkurrenten, die auf Massenproduktion setzten. In einem Interview in der *Livestock Gazette* hatte er noch wenige Wochen vor den Ereignissen betont, dass die Rinder in seiner knapp hundert Tiere umfassenden Herde für ihn sehr viel mehr seien als nur Produktionseinheiten. Alle seine Kühe seien auf seiner Ranch aufgewachsen, und deshalb habe er eine ganz persönliche Beziehung zu jeder einzelnen von ihnen. Es tue ihm jedes Mal weh, wenn er sich von den schlachtreifen Tieren trennen müsse, aber die wirtschaftlichen Notwendigkeiten ließen ihm nun mal keine andere Möglichkeit.

Sam Menendez lieferte prinzipiell nicht an die großen Fleischverarbeitungsbetriebe, sondern nur an kleinere, auf *organic beef* spezialisierte Metzgereien. Der eigentliche Schlachtvorgang fand – gemäß den Hygienevorschriften von Monterey County – im regionalen Schlachthof von Parkfield statt, wo Menendez die von ihm verkauften Tiere jeweils persönlich ablieferte.

Am 4. Februar war er zusammen mit seinem Sohn Sam Menendez jr. (17) auf die Weide gefahren, um sechs Kühe für den Transport zum Schlachthof abzuholen. Für gewöhnlich war das etwas, auf das er sich – trotz der emotionalen Belastung, von der er in dem Interview gesprochen hatte – jedes Mal freute. Die Arbeit hatte etwas Kontem-

platives, weil man sie, egal, wie eilig man es hatte, gemäch-
lich angehen musste. »Kühe lassen sich nicht hetzen«, hatte
Menendez seinem Sohn beigebracht.

Der gewöhnliche Ablauf sah so aus: Der vom Traktor
gezogene Transportanhänger war mit zwei beweglichen
Elementen versehen, die sich ausklappen ließen und dann
ein kleines, auf einer Seite offenes Gehege bildeten. Von
dort führte eine Planke direkt in den Anhänger. Der offene
Zugang auf der anderen Seite konnte durch ein weiteres
bewegliches Teil verschlossen werden, sobald sich das ge-
wünschte Tier im Gehege befand.

Da die Kühe daran gewöhnt waren, beim Auftauchen
des Traktors eine Handvoll leckeres Futter zu bekommen,
kamen sie, ohne dass man sie hätte antreiben müssen, von
selbst herbei. Die für den Schlachthof bestimmten Tiere
lockte man eins nach dem anderen in das Gehege und trieb
sie dann durch ein paar sanfte Stockhiebe – die Verwendung
der üblichen elektrischen *cattle prods* lehnte Menendez aus
Tierschutzgründen ab – über die Planke in den Anhänger,
wo auf der Einstreu schon ein Haufen frisch gemähtes Gras
auf sie wartete. Die Prozedur brauchte zwar Zeit, vor allem, weil sich jedes Mal auch andere Kühe dazu drängten,
dafür gerieten die ausgewählten Tiere nicht in Panik, was
sich durch die Ausschüttung von Stresshormonen negativ
auf die Fleischqualität ausgewirkt hätte.

An diesem Tag schien zunächst alles wie gewohnt ab-
zulaufen. Das Gehege war kaum aufgebaut, als die Herde
sich auch schon näherte, allerdings nicht in der üblichen gemächlichen Gangart, sondern in dem hopsenden Galopp,
den man sonst nur bei Kälbern sieht, bevor sie sich die wür-

devolle Gangart der älteren Tiere angewöhnen. Sam Menendez sagte noch zu seinem Sohn: »Die sind heute ganz schön hungrig.« Es waren seine letzten Worte.

Die Leitkuh – sie hieß Betsy Mae, und Sam jr. hatte sie wegen einer Euterentzündung des Muttertiers mit der Flasche aufgezogen – rannte direkt auf die Farmer zu, blieb aber, als sie beim Traktor angekommen war, nicht etwa stehen, sondern drückte Sam Menendez mit ihrem ganzen Gewicht von mehr als einer halben Tonne gegen die Motorhaube, brach ihm dabei mehrere Rippen und trampelte, als er schmerzverkrümmt auf dem Boden lag, auf ihm herum. Eine andere Kuh spießte Sam jr. mit den Hörnern auf, wobei sie mehrmals in seine Herzregion stieß.

Sobald die beiden Farmer tot waren, interessierten sich die Tiere nicht weiter für sie. Die Herde marschierte auf den elektrischen Weidezaun zu, der sich bisher wegen der Stromschläge mit einer Spannung von 10 000 Volt immer als unüberwindliches Hindernis für die Tiere erwiesen hatte. Diesmal riss die Leitkuh das Weidezaungerät mit einem Horn aus seiner Halterung, und der jetzt stromlose Draht konnte von den Kühen leicht durchbrochen werden.

Die Herde marschierte in geschlossener Formation zuerst einen Feldweg und dann die Landstraße entlang. Dabei blockierten die Tiere beide Spuren, sodass sich hinter ihnen eine lange Schlange von hupenden Automobilen bildete. Entgegenkommende Wagen, die nicht sofort über den Straßenrand hinaus auf ein Feld auswichen, wurden zur Seite geschoben und dabei teilweise stark beschädigt. Von den Insassen wurde dabei, bis auf ein paar Verstauchungen, niemand verletzt.

Der von den blockierten Autofahrern telefonisch alarmierte Deputy Sheriff Joseph W. Infante stellte sich den Tieren mit ausgebreiteten Armen in den Weg, in jeder Hand einen Stock. Er war auf einer Rinderranch aufgewachsen und hatte schon als Kind gelernt, dass sich eine Herde auf diese Weise am besten in eine andere Richtung lenken lässt. In diesem Fall funktionierte die Methode nicht. Joseph W. Infante wurde achtundzwanzig Jahre alt.

Drei Tage später nahm der Gouverneur von Kalifornien persönlich an der Trauerfeier teil und beförderte Infante posthum zum Sheriff. In der entsprechenden Urkunde wurden die Worte »Tapferkeit vor dem Feind« verwendet, was wegen der martialischen Formulierung in einigen Kommentaren auf Kritik stieß. Dabei entsprach sie doch nur den Tatsachen.

Nachdem der Deputy Sheriff totgetrampelt war, marschierte die knapp hundertköpfige Herde weiter bis zum Schlachthof von Parkfield, ohne dass auf ihrem Weg noch einmal jemand den Versuch gemacht hätte, sie aufzuhalten.

Um in das Gebäude einzudringen, benutzten die Kühe den Weg, der für die zur Schlachtung angelieferten Tiere vorgesehen war. Ihr erstes Opfer war Mr. Binh Tran, ein ursprünglich aus Vietnam stammender Mitarbeiter, der für die Betäubung der Tiere mit dem Bolzenschussgerät zuständig war. In fast allen Berichten über das Massaker wurde später als interessantes Detail festgehalten, dass das unter seiner Leiche vorgefundene Schussgerät immer noch funktionstüchtig war, wenn es auch wegen der Schließung des Schlachthofs in Parkfield nicht mehr zur Verwendung kam.

Sein Kollege, der bei den betäubten Tieren den Halsbruststich zu setzen hatte, fiel, von zwei Kühen gerammt, auf sein eigenes Stechmesser und blutete aus; eine Ironie, die allen Journalisten, die darüber berichteten, bewusst war, auf die aber aus Gründen der Pietät niemand hinzuweisen wagte. Wie sich nach seinem Tod herausstellte, hatte sich das Opfer, der ebenfalls aus Vietnam stammende Thao Pham, illegal in den USA aufgehalten und hätte deshalb vom Schlachthof nicht angestellt werden dürfen. Die dadurch entstandenen versicherungstechnischen Probleme interessierten aber schon bald niemanden mehr.

Einige Kühe rannten zwischen den Körpern ihrer zum Ausweiden aufgehängten Artgenossen durch und gelangten in die Zerlegerei, wo sie regelrecht Jagd auf die dort beschäftigten Männer machten. Die Ausgänge wurden jeweils von einem Tier versperrt, sodass für die Arbeiter kein Entkommen möglich war. Die Angegriffenen versuchten, sich mit ihren Messern zu verteidigen, aber trotz Hieb- und Stichwunden führten die Tiere ihre Attacken fort, bis sich keiner der Männer mehr bewegte.

Doch diese blutige Episode, die mehr als zwanzig Opfer forderte, war noch nicht das Massaker, das später den Ereignissen dieses Tages den Namen gab. Das ereignete sich erst, als die California National Guard zu Hilfe gerufen worden war.

An den Geschehnissen in der Zerlegerei war nur ein kleiner Teil der Herde beteiligt. Etwas anderes wäre wegen der beengten Platzverhältnisse, die von gewerkschaftlicher Seite oft kritisiert worden waren, auch gar nicht möglich gewesen. Die anderen Tiere machten unterdessen in den anderen Arbeitsbereichen des Schlachthauses Jagd auf die restlichen Mitarbeiter, wobei sie, wie eine spätere Rekonstruktion ergab, äußerst koordiniert vorgingen. Keiner der Männer, die sie dabei aufstöberten, überlebte den Tag. Die einzige Ausnahme war der für die Schlachtkontrolle zuständige Tierarzt, Dr. Phil Peterman, der sich im Kühlraum verbarrikadiert hatte. Er wurde dort zwei Tage später aufgefunden, stark unterkühlt und mit Erfrierungen dritten Grades. (Die Tür des Kühlraums hätte sich auch von innen öffnen lassen, aber ohne Informationen über die Situation im Schlachthaus hatte er den Versuch nicht gewagt.)

Auf welche Weise jeder einzelne Mitarbeiter genau gestorben war und wie sehr er dabei gelitten hatte, ließ sich im Nachhinein nicht feststellen. Nur die Zerlegerei wurde von mehreren Kameras überwacht, »aus Gründen der Optimierung von Abläufen«, wie es offiziell hieß, also zur Verhinderung von Diebstählen. Der *slaughterhouse superintendent* Luis Gómez Hernández war Alkoholiker, und als er auf seinen Bildschirmen sah, was sich da abspielte, glaubte er zunächst, es handle sich um eine durch zu viel billigen Whiskey hervorgerufene Halluzination. Dann alarmierte er aber doch seinen direkten Vorgesetzten, William Q. Dryden, den Hauptaktionär des Schlachthauses. Der hätte das Ganze, um negative PR zu vermeiden, gern unter dem Deckel gehalten, sah aber bald ein, dass das bei der großen Anzahl von Toten nicht möglich war. Da er als Abgeordneter in der *state assembly* auch politischen Einfluss hatte, genügte ein Anruf beim Gouverneur, um ein gerade in der Nähe von Parkfield mit Schießübungen beschäftigtes Platoon der National Guard in Bewegung zu setzen.

Die Verhältnisse im Schlachthaus waren unklar, deshalb beschloss der Zugführer, Second Lieutenant Gary D. Thompson III, keinen Versuch zum Eindringen in das Gebäude zu machen, sondern seine Leute zunächst vor den Zugängen in Bereitschaft zu halten. Die achtunddreißig Mann starke Truppe war mit Schnellfeuergewehren des Typs M16A4 ausgerüstet.

Als die ersten Kühe aus der Entladebucht strömten, brachen die *guardsmen* zunächst in Gelächter aus, weil sie meinten, ein übereifriger Beamter habe sie wegen ein paar entlaufener Rinder in voller Ausrüstung hierher beordert. Ihr Amüsement wandelte sich schnell zu Panik, als Second Lieutenant Thompson von den Hörnern der Leitkuh durchbohrt wurde.

Hinterher konnte nicht festgestellt werden, woher das Kommando zum Feuern gekommen war oder ob es überhaupt so ein Kommando gegeben hatte. Fest steht, dass am Ende einer fast zehn Minuten andauernden Schießerei neben sechs toten und elf verletzten *guardsmen* sechsundneunzig erschossene Kühe vor dem Schlachthaus lagen. (Von den gefallenen Mitgliedern der National Guard waren zwei von verirrten Kugeln ihrer Kameraden getroffen worden, was aber in den offiziellen Berichten verschwiegen wurde.)

Um das aggressive Verhalten der Herde zu erklären, wurden in den Berichten, die über das Schlachthaus-Massaker erschienen, die verschiedensten Thesen aufgestellt. Die am häufigsten geäußerte Vermutung ging von einer vorher bei Rindern noch nie beobachteten Krankheit aus, die zwar nicht in ihrer Ätiologie, aber doch in ihren Auswirkungen mit der Tollwut bei Füchsen oder Hunden vergleichbar sei.

Von allen befragten Fachleuten vertrat kein einziger die Meinung, dass die Kühe einfach nicht länger bereit gewesen seien, sich widerstandslos abschlachten zu lassen.

Arktisches Zwiesel
Urocitellus parryi

Allen Ereignissen, die in dieser ersten Phase der Pandemie länderübergreifend diskutiert wurden, war eine Eigenschaft gemeinsam: Sie hatten etwas Spektakuläres oder, wie im Fall des Katzen-Videos, Amüsantes an sich und waren deshalb für die Darstellung und Kommentierung in den Medien gut geeignet.

Im selben Zeitraum hätte es aber durchaus auch andere Vorkommnisse zu vermelden gegeben, die bedeutsam waren, denen aber der Show- oder Unterhaltungscharakter fehlte.

Ein typisches Beispiel dafür ist die Probebohrung nach Erdöl, die im März 2034, also noch vor Beginn des kurzen arktischen Sommers, im Arctic National Wildlife Refuge (ANWR) im nördlichen Alaska begann. Nachdem eine wirtschaftliche Nutzung dieses Naturschutzreservats lang umstritten gewesen war, hatte der republikanisch beherrschte amerikanische Kongress gegen den heftigen Widerstand von Tierschützern und vor allem auch der indigenen Bevölkerung einer Versteigerung von Bohrkonzessionen zugestimmt, wobei als Begründung die Notwendigkeit einer autarken Energieversorgung für die Vereinigten Staaten angeführt wurde.

Das Gebiet, für das die Firma Exxon die Bohrrechte ersteigert hatte, lag in einem unberührten und nur selten von Menschen betretenen Teil des Naturschutzgebiets. Die besonders artenreiche Gegend wurde in der Sprache der Ureinwohner vom Stamm der Gwich'in als *zhik Gwats'an Gwandaii Goodlit* (Ort, an dem alles Leben beginnt) bezeichnet. Die Werbeabteilung von *Exxon* erfand dafür den Namen »Camp Future«.

Die vorgesehene Bohrstelle befand sich etwa hundertfünfzig Meilen südwestlich der kleinen Hafenstadt Kaktovik und rund fünfhundert Meilen nordöstlich von Anchorage, also in einem Bereich, in dem keinerlei Straßenverbindungen existierten. Zwar gab es in Kaktovik den Barter Island Airport, aber dort konnten nur kleine Maschinen landen. Sämtliches schwere Material, einschließlich der Einzelteile des Bohrturms, musste deshalb zuerst zum Flughafen von Fairbanks geflogen und dann mit Lasthubschraubern vom Typ Sikorsky CH-53E Super Stallion zur etwa zweihundertfünfzig Meilen entfernten Bohrstelle weitertransportiert werden. Dasselbe galt für die Wohn- und Arbeitscontainer und auch für die Mehrheit der technischen Geräte. Da unter der unberührten Wildnis mehrere Milliarden Barrel Erdöl sowie andere wertvolle Rohstoffe vermutet wurden, schien der Geschäftsleitung der immense finanzielle und logistische Aufwand gerechtfertigt.

Um den bereits im Vorfeld sehr heftigen Protesten von Naturschützern keine zusätzliche Nahrung zu geben, hatte man bei Exxon beschlossen, auf alle sonst bei Großprojekten üblichen Presseaktivitäten zu verzichten und die Arbeiten ganz diskret zu beginnen. Die rund vierzig Mitarbeiter wurden zum Stillschweigen über das Projekt verpflichtet; manche von ihnen informierten selbst ihre Familienangehörigen nur sehr allgemein über die Einzelheiten des gut bezahlten Auftrags.

In einer Werbebroschüre, die Exxon einige Jahre früher im Zusammenhang mit einem anderen Ölfeld herausgegeben hatte, war die komplizierte Logistik einer Bohrung in unwegsamem Gelände mit einem Feldzug verglichen worden, »dessen detaillierte Planung selbst einem Napoleon Kopfzerbrechen bereitet haben würde«. Das war zwar übertrieben, aber in Anbetracht der schwierigen Verhältnisse wurden an die Leitung des Unternehmens tatsächlich ungewöhnlich hohe Ansprüche gestellt. Man war bei Exxon deshalb sehr glücklich darüber, dass man Michael »Iron Mike« Barnes für das Kommando dieses »Feldzugs« hatte gewinnen können. Barnes genoss in der Branche einen legendären Ruf, seit es ihm beim Brand der Ölplattform Brent IV durch seine Coolness und Übersicht gelungen war, die gesamte Crew ohne einen einzigen Verlust an Menschenleben sicher an Land zu bringen. Die bei dem Brand entstandene Ölpest war vom zuständigen Gericht als »Act of God« bezeichnet und dadurch entschuldigt worden.

Überhaupt wurden für diese erste Bohrung im größten Naturschutzgebiet Nordamerikas nur erfahrene und bewährte Mitarbeiter eingestellt. Wenn man eine Ölbohrung tatsächlich als Feldzug bezeichnen kann, dann zog Exxon gut bewaffnet und ausgerüstet in den Krieg.

Und verlor die Schlacht trotzdem. Weil niemand mit einem erfolgreichen Gegenangriff gerechnet hatte.

Er begann mit einem dieser Rätsel, wie sie sonst nur in

Kriminalromanen vorkommen: Aus dem zentralen Container, von dem aus sämtliche Arbeitsabläufe in *Camp Future* gesteuert wurden, war eines Morgens das Satellitentelefon verschwunden. Da es im Bereich des ANWR keinerlei Funkabdeckung gab, war dieses Gerät, welches das Iridium-Satellitennetz benutzte, die einzige Möglichkeit, mit der Außenwelt, insbesondere mit der Firmenzentrale in Irving, Texas, Kontakt aufzunehmen.

Über Nacht wurde das Telefon im Container an ein Ladegerät angeschlossen. Barnes, der als früherer Offizier bei den Marines großen Wert auf Disziplin und die exakte Einhaltung von Vorschriften legte, hatte es sich zur Gewohnheit gemacht, den Container bei Arbeitsschluss eigenhändig abzuschließen und den Schlüssel immer bei sich zu tragen.

Jeden Morgen pünktlich um sieben telefonierte er mit der Zentrale, um den Statusbericht vom Vortag durchzugeben. In Irving war dann bereits zehn Uhr, und selbst die »Zivilisten«, wie Barnes Leute aus der Verwaltung verächtlich nannte, hatten schon mit der Arbeit begonnen. An diesem Morgen fiel der Anruf aus, weil das Telefon nicht an seinem Platz war. Eine Durchsuchung des Containers und später des gesamten Geländes brachte nichts.

»Iron Mike« Barnes war bei der Planung der Unternehmung nach dem Prinzip »Redundanz bedeutet Sicherheit« vorgegangen und hatte ein zweites Satellitentelefon auf die Liste der notwendigen Ausrüstungsgegenstände setzen lassen. Um keinen weiteren Verlust zu riskieren, ließ er das Ersatzgerät in der nächsten Nacht nicht an seinem Arbeitsplatz zurück, sondern nahm es mit in seinen Wohncontainer, den er ganz allein bewohnte. Dort hatte alles seinen festen Platz, angeordnet mit der pingeligen Präzision, die sich Barnes in seiner Zeit bei den Marines angewöhnt hatte. Das Telefon lag während der Nacht auf einem Hocker direkt neben seinem Bett.

Alle Vorsichtsmaßnahmen erwiesen sich als wirkungslos: Am nächsten Morgen war auch das zweite Satellitentelefon auf unerklärliche Weise verschwunden. Und das, obwohl die Tür des Wohncontainers immer noch abgeschlossen war und der Schlüssel von innen im Schloss steckte. Es war ein Rätsel, für das es keine Lösung zu geben schien.

Dabei war diese Lösung ganz einfach. Der geheimnisvolle Dieb war in beiden Fällen kein Mensch, sondern ein Arktisches Zwiesel, das jeweils durch den Lüftungsschlitz in die Container eingedrungen war und sie – mit dem Telefon in der Schnauze – auf demselben Weg wieder verlassen hatte.

Man musste sich in Camp Future damit abfinden, bis zur nächsten geplanten Landung eines Nachschubhelikopters fünf Tage später keinen Kontakt zur Außenwelt mehr zu haben. Zu seinem Stellvertreter sagte Barnes: »Mich stört am meisten, dass ich nicht weiß, wie es passiert ist. Ich mag keine Dinge ohne logische Erklärung. Aber es wird zum Glück keine schlimmen Auswirkungen haben – solang kein medizinischer Notfall eintritt. Ich hoffe, unsere Leute bleiben alle gesund.«

Während der Offiziersausbildung in Quantico hatte man ihm den zweieinhalbtausend Jahre alten chinesischen Lehrsatz eingebläut: »Alle Kriegshandlung beruht auf Täuschung.« Trotzdem kam er nicht auf die Idee, dass die Verhinderung jeder Kontaktaufnahme mit Personen außerhalb des Camps nicht einfach eine unerklärliche Panne gewesen sein könnte, sondern der erste Angriff in einer Schlacht, die geführt wurde, ohne dass die angegriffene Partei auch nur den Beginn der Feindseligkeiten bemerkt hätte.

Der zweite, entscheidende Angriff galt der Stromversorgung des Bohrcamps. Sie wurde durch dieselbetriebene Generatoren der Baureihe 64/88 CR sichergestellt, von denen auch einer allein genügt hätte, um ausreichend Energie für den Antrieb der Generatoren und aller anderen elektrischen Geräte zu produzieren. Trotz der damit verbundenen erheblichen Zusatzkosten hatte »Iron Mike«, auch hier wieder nach dem Prinzip »Redundanz bedeutet Sicherheit« darauf bestanden, zwei baugleiche Motoren einfliegen zu lassen. »Wenn es zu einer Panne kommen sollte«, hatte er unhöflich, aber überzeugend argumentiert, »ist dort am Arsch der Welt keine Werkstatt in der Nähe, bei der wir mal schnell anrufen können.«

Womit er nicht gerechnet hatte – die Wahrscheinlichkeit für so eine doppelte Katastrophe war auch verschwindend klein –, war ein Ausfall beider Motoren innerhalb von vierundzwanzig Stunden, und zwar in beiden Fällen aus demselben Grund: Durch die Luft-Ansaugschächte waren trotz der installierten besonders starken Filter größere Mengen Sand in die Brennkammern geraten und hatten dort ihre zerstörerische Wirkung entfaltet. Auch die erfahrensten Techniker wussten sich nicht zu erklären, wie es dazu hatte kommen können. Auf den absurden Gedanken, dass die rund um das Camp oft beobachteten Vögel der verschiedensten Arten etwas damit zu tun haben könnten, kam niemand.

Bis zur Ankunft des Versorgungshelikopters gab es keine Möglichkeit, die Generatoren zu reparieren oder zu ersetzen. Ohne Strom mussten nicht nur die gerade erst begonnenen Bohrarbeiten eingestellt werden, es gab auch keine Möglichkeit mehr, die Container zu beheizen – und das bei Temperaturen, die in der Nacht bis weit unter den Nullpunkt sanken. Entsprechend wurde die Laune der Mitarbeiter immer schlechter.

Um die Moral seiner Truppe – er bestand auf diesem militärischen Begriff – zu erhalten, versuchte »Iron Mike« aus der Panne ein gemeinsames Abenteuer zu machen. Nachts, wenn wegen der ausgefallenen Beleuchtung völlige Dunkelheit herrschte, versammelte er die ganze Mannschaft um ein großes Feuer, die einzige Möglichkeit, sich überhaupt ein bisschen aufzuwärmen. Dort wurden dann Lieder gesungen, und es herrschte so etwas wie die Stimmung eines Pfadfinderlagers.

Als der planmäßige Versorgungshelikopter aus Fairbanks schließlich eintraf, fanden die Piloten die Überreste dieses Lagerfeuers vor, aber sämtliche Mitarbeiter von Camp Future waren verschwunden. Nur die Pfotenspuren eines Rudels von Alaska-Tundrawölfen ließen vermuten, was ihnen zugestoßen sein konnte.

Retrovirus

Die Suche nach dem Ursprung der sich häufenden Schreckensmeldungen, in die seltsamerweise immer auch Tiere verwickelt waren, konzentrierte sich schon bald auf die Forschungsabteilung von Reviron Inc. Die gerade noch hochgelobte Firma sah sich einem veritablen Shitstorm ausgesetzt, insbesondere als bekannt wurde, dass Madame Curie und Professor Einstein, die Protagonisten des überall verbreiteten Katzenvideos, von unbekannter Hand vergiftet und ihre Körper umgehend verbrannt worden waren. Während für die Vergiftung auch außenstehende Täter infrage kamen – die beiden Tiere waren inzwischen im Bewusstsein der Öffentlichkeit von Publikumslieblingen zur animalischen Entsprechung einer Typhoid Mary geworden –, war für die überhastete Entsorgung der Kadaver ganz eindeutig die Geschäftsleitung von Reviron verantwortlich. Und so tauchte bald der Verdacht auf, es habe sich dabei nicht um eine, wie es offiziell hieß, »aus hygienischen Gründen veranlasste« Vorsichtsmaßnahme gehandelt, sondern man habe eine Untersuchung der Tierkörper durch unabhängige Experten verhindern wollen, weil diese den eindeutigen Beweis dafür erbracht hätte, dass die neue Seuche durch nicht genügend gesichertes genmanipuliertes Material aus den Laboren von Reviron entstanden sei.

Die Firmenleitung versuchte, mit juristischen Mitteln gegen entsprechende Gerüchte vorzugehen, aber die Flut an kritischen Kommentaren und hasserfüllten Postings ließ sich so wenig aufhalten wie die Pandemie selbst. Der Versuch, alle Schuld auf den *facility manager* Kevin S. Anderson zu schieben, der, wie die Firmenleitung behauptete, die Entsorgung der Kadaver ohne Auftrag angeordnet habe, erwies sich als kontraproduktiv, vor allem, als dessen fristlose Entlassung nach mehr als zehn Dienstjahren bekannt wurde. Der Börsenkurs der Firma, der sich in den letzten Jahren mehr als verzehnfacht hatte, brach ein, und die zahlreichen Schadenersatzklagen hätten wohl zum Konkurs geführt, wenn das Wirtschaftssystem nicht schon vorher aufgehört hätte zu funktionieren.

Ironischerweise war der Forschungsschwerpunkt, der die Pandemie auslöste, derselbe, der Reviron seinen steilen Aufstieg und den kurzen geschäftlichen Höhenflug verschafft hatte. Ein Team unter der Leitung von Dr. Ernesto del Castro, der von den Wettbüros bereits als Kandidat für den Medizin-Nobelpreis gehandelt wurde (Quote 14:1), hatte einen völlig neuen therapeutischen Ansatz für genetisch bedingte Krankheiten entwickelt: Fehlende oder falsch codierte Stellen in der DNA der Patienten sollten ersetzt oder ergänzt werden, indem man »maßgeschneiderte« Retroviren als Transporteure der richtigen Gensequenzen einsetzte. Eine Integration des viralen »Ersatzteils« ins Wirtsgenom könnte, so die Überlegung, erblich bedingte Krankheiten nicht nur verhindern, sondern sogar heilen – vorausgesetzt, es gelänge, Retroviren mit den zu transportierenden Gensequenzen zu züchten und sie gewissermaßen darauf »abzurichten«, bei der Integration die richtigen chromosomalen Bereiche zu bevorzugen.

Die Theorie, auf der das Verfahren beruhte, war ebenso bahnbrechend wie einleuchtend, aber die konkrete Entwicklungsarbeit erwies sich als sehr viel schwieriger und zeitaufwändiger als erwartet. Obwohl bei Laborversuchen mit Mäusen erste Erfolge erzielt wurden, zeigte sich bald, dass sich diese Ergebnisse nur in sehr beschränktem Umfang auf den Menschen übertragen ließen. Zwar hätte es genügend Patienten gegeben, die an unheilbaren Beschwerden litten und wegen ihrer geringen Überlebenschancen bereit gewesen wären, jede auch noch so riskante experimentelle Therapie an sich ausprobieren zu lassen, sie konnten aber nur selten behandelt werden, weil sie in den meisten Fällen schon verstorben waren, bevor endlich die in jedem Einzelfall notwendige Bewilligung der Food And Drug Administration eintraf. Und wo es zu Behandlungen kam, zeigten sie nur selten die erhoffte Wirkung oder verschlechterten den Zustand der Patienten sogar.

Dr. del Castro und sein Team ließen sich durch diese Rückschläge nicht entmutigen. Sie waren überzeugt davon, auf dem richtigen Weg zu sein, nur waren offenbar ihre »Baupläne« für die künstlich erzeugten Retroviren noch nicht präzis genug.

Der Durchbruch kam, als bei der Therapie eines Neugeborenen mit dem seltenen Beckwith-Wiedemann-Symptom plötzlich alles funktionierte. Die krankhaften Stellen im Chromosom 11 (Gene IGF2 und H19) wurden mithilfe der im Labor gezüchteten Retroviren durch die korrekten Sequenzen ersetzt und dem Kind dadurch – so weit das bei seinen bereits vorhandenen pränatalen Schädigungen möglich war – ein normales Aufwachsen ermöglicht.

Dieser Erfolg ließ hoffen, dass sich nach diesem Prinzip auch andere Krankheiten heilen lassen würden, und Reviron Inc. wurde mit Forschungsmitteln geradezu überschwemmt. Dabei ging es den privaten Investoren nicht so sehr darum, mit ihrem Risikokapital die Therapie seltener Krankheiten zu fördern, sondern sie träumten vom »heiligen Gral« der Pharmaindustrie: einem Mittel gegen den genetisch bedingten Haarausfall, mit dem sich wegen der großen Menge betroffener Personen Milliarden würden verdienen lassen. Allerdings war es, obwohl sich die Anzahl der bei Reviron Inc. beschäftigten Wissenschaftler innerhalb weniger Jahre vervielfacht hatte, bisher noch nicht gelungen, das entsprechende Gen auf Chromosom 20 stabil zu ersetzen.

Dr. del Castro befasste sich nicht mit solchen seiner Meinung nach prosaischen Problemen, sondern arbeitete weiter an der Entwicklung von Retroviren zur Bekämpfung von »vernachlässigten« Krankheiten. Nach seinem ersten großen Erfolg bei der Therapie des Beckwith-Wiedemann-Symptoms ließ man ihm in der Firma dazu völlig freie Hand.

Natürlich gab es von Anfang an auch kritische Stimmen, die davor warnten, dass die künstlich veränderten Retroviren außer Kontrolle geraten und zu einer Pandemie weltweiten Ausmaßes führen könnten. Diese Schwarzseher waren allerdings in der Minderheit und mussten sich den Vorwurf der Fortschrittsfeindlichkeit gefallen lassen. Eine emeritierte Professorin der Yale-Universität, die in ihrem

Blog die Gefahren besonders deutlich benannt hatte, wurde als Kassandra beschimpft, »die sich wegen der Gefahr von Verkehrsunfällen auch gegen die Erfindung des Rades gewehrt haben würde«.

Aber, wie es schon in der griechischen Sage der Fall war: Kassandra behielt recht.

Bei einem besonders weit fortgeschrittenen Projekt ging es um Mutationen des Gens GRIN2B auf Chromosom 12, die eine korrekte Signalübertragung zwischen den Nervenzellen verhindern und damit zu mentaler Retardierung bis hin zur völligen Debilität führen können. Dr. del Castro definierte das Ziel seiner Forschungseinheit in diesem Zusammenhang salopp mit den Worten: »Wir wollen dumme Menschen klüger machen.«

Genau das passierte auch. Nur dass sich die erhoffte Wirkung nicht bei Menschen zeigte.

Bestimmt wäre es früher oder später einem Wissenschaftler gelungen, den exakten Weg nachzuvollziehen, auf dem sich das genetisch veränderte Retrovirus in nichthumanen Organismen einnistete, und auch eine Erklärung dafür zu finden, wie es dem Virus scheinbar mühelos gelang, die Artengrenze zu überspringen, um zunächst bei einigen und sehr bald bei allen Tieren (außer Insekten) seine Wirkung zu entfalten. Da die Menschheit für eine solche vertiefte Untersuchung nicht lang genug existierte, blieb es bei der allgemeinen – von der Geschäftsleitung von Reviron Inc. heftig bestrittenen – Vermutung, dass ein paar Tropfen einer nicht mit der nötigen Vorsicht gehandhabten Testflüssigkeit den Ursprung der neuen Seuche gebildet hatten.

Durch die rasante Entwicklung in den nächsten Monaten und Jahren verlor diese Fragestellung allerdings sehr bald an Bedeutung. Mit dem Kampf ums nackte Überleben beschäftigt, hatte die Menschheit Dringenderes zu tun, als nach den Ursachen der immer deutlicher sichtbaren und sich ständig steigernden Veränderungen zu suchen. Der Selbstmord von Dr. Ernesto del Castro wurde in der Öffentlichkeit überhaupt nicht mehr zur Kenntnis genommen.

Sowohl das Katzenvideo wie auch das Schlachthaus-Massaker und das Scheitern von Camp Future gehörten noch zur ersten Stufe der Pandemie. In den ersten beiden Quartalen des Jahres 2034 ereigneten sich noch viele andere größere und kleinere zum Gesamtbild gehörige Episoden, von denen allerdings weniger als die Hälfte direkt Menschen betrafen oder von ihnen auch nur bemerkt wurden. Nur der Aufstand im Toronto Zoo erregte größeres Interesse. Das Bild des Eisbären mit der triumphierend nach oben gereckten Vorderpfote ging als eines der letzten Memes des Internetzeitalters rund um die Welt.

Allen Ereignissen in diesem frühen Zeitraum war, bei aller Verschiedenheit, eines gemeinsam: Sie traten spontan auf und waren nicht aufeinander abgestimmt. Im Gegensatz zu dem, was sich mit fortschreitender Durchseuchung der Tierwelt entwickelte, waren sie jeweils auf kurzfristige, relativ leicht zu erkennende Ziele ausgerichtet, wobei sich allerdings eine zunehmende Komplexität in Planung und Durchführung der Aktionen beobachten ließ.

Nachdem Madame Curie und Professor Einstein unter dem Einfluss des mutierten Virus intelligenter geworden waren, und zwar in einem Ausmaß, das sich mit keiner der bei Tieren üblichen Skalen messen ließ, benutzten sie ihre neuen Talente zunächst nur, um sich zusätzliches Futter zu verschaffen. Zweifellos wären sie noch zu ganz anderen, über die täglichen Bedürfnisse hinausgehenden Dingen imstand gewesen, aber ihre Wünsche hatten sich nicht so schnell entwickelt wie ihre Fähigkeiten, die bei ihnen noch ganz im Dienst typisch katzenhafter Vorlieben standen.

Während Madame Curie und Professor Einstein sich darauf beschränkten, mit ihren neugefundenen Fähigkeiten etwas zu erreichen, das ihnen sonst nur mit menschlicher Hilfe zugänglich gewesen wäre, ging es beim Schlachthaus-Massaker um das genaue Gegenteil, nämlich um den Widerstand gegen ein vom Menschen vorausbestimmtes Schicksal.

Dass Sam Menendez und sein Sohn, die sich beide selbst als Tierschützer verstanden, zu den ersten Opfern dieses Aufstands wurden, war ein frühes Beispiel dafür, dass moralische Kategorien, die von einer Spezies als Richtschnur des eigenen Handelns aufgestellt worden waren, von anderen Lebewesen oft ganz anders und meist sehr viel negativer wahrgenommen wurden. Die beiden Menendez sahen sich als fürsorgliche Tierzüchter, die ihre Tiere nur deshalb an Metzger verkauften, weil die wirtschaftlichen Kreisläufe das nun mal unumgänglich machten. Für die betroffenen Kühe waren sie Mörder, die ihren Opfern nur deshalb über einen beschränkten Zeitraum eine gute Behandlung angedeihen ließen, um dadurch aus deren Hinrichtung einen größeren Profit zu ziehen.

Dass das Schlachthaus-Massaker – »Aufstand der Kühe« wäre eine zutreffendere Bezeichnung gewesen – mit der Erschießung der ganzen Herde endete, ändert nichts an der Tatsache, dass ihre gesteigerte Intelligenz es den Tieren ermöglicht hatte, eine größere Aktion gemeinsam und auf koordinierte Weise durchzuführen. Vielleicht muss ihr Tod als Scheitern betrachtet werden, vielleicht war es aber auch ein bewusstes Opfer, um andere Mitglieder derselben Gattung vor dem für sie bestimmten Schicksal zu bewahren.

Sowohl am Katzenvideo wie an den Ereignissen in Parkfield war jeweils nur eine einzige Spezies beteiligt gewesen. Die Aktionen, die zum Scheitern von Camp Future und dadurch zur Rettung eines bedrohten Naturreservats führten, konnten hingegen nur gelingen, weil hier mehrere Tierarten zusammenarbeiteten und dadurch ihre spezifischen Fähigkeiten nicht einfach addierten, sondern potenzierten. Diese Zusammenarbeit über scheinbar naturgegebene Grenzen hinweg sollte zum Kennzeichen der folgenden Ereignisse werden.

Sapientia

Menschliche und tierische Intelligenz, die eine im Lauf der Evolution stufenweise entwickelt, die andere unter der Einwirkung des veränderten Retrovirus schlagartig gesteigert, schienen sich, oberflächlich betrachtet, zu ähneln. Trotzdem waren sie nicht vergleichbar, da sie sich in ihrer Struktur so grundsätzlich unterschieden wie Fledermäuse und Vögel. Weil sie beide fliegen können, scheinen diese beiden Spezies auf den ersten Blick verwandt zu sein, und doch sind sie stammesgeschichtlich weit voneinander entfernt.

Bei näherer Betrachtung zeigten sich die Unterschiede gerade dort am deutlichsten, wo sich Menschen und Tiere besonders nahe zu sein schienen, nämlich in der Art und Weise, wie scheinbar parallele intellektuelle Fähigkeiten von ihnen eingesetzt wurden. Homo sapiens tat das im Laufe seiner ganzen Stammesgeschichte weitgehend oder sogar ausschließlich im eigenen, individuellen Interesse. Er benutzte seine Intelligenz mit Vorliebe als Waffe, im ständigen Bestreben, wirkliche oder vermeintliche Konkurrenten zu übertrumpfen und zu besiegen. Aus tierischer Perspektive war es besonders unerklärlich, dass er das oft in Wettbewerben tat, die er sich nur ausgedacht hatte, um sie gewinnen zu können.

Das Primat des Siegen-Müssens galt auch für jene Individuen, die sich selbst für altruistisch oder sogar opfermütig hielten und fest davon überzeugt waren, dieser Eigendefinition auch zu entsprechen. Bei ihnen äußerte sich derselbe Antrieb einfach in einer anderen Form, ohne dass ihnen das selbst jemals bewusst geworden wäre. Individuen dieser gar nicht so seltenen Subspezies bemühten sich ihr Leben lang, altruistischer und opfermütiger zu sein als andere und dadurch als die besseren Weltverbesserer wahrgenommen zu werden, am liebsten von der gesamten Menschheit oder, wenn so eine generelle Akklamation nicht zu erreichen war, auch nur von sich selbst.

Der Drang nach Wettbewerb bestimmte alle menschlichen Lebensbereiche. Während an einem Ende der Skala Milliardäre ihren Wettkampf über die Größe ihrer Privatflugzeuge oder die Länge ihrer Yachten austrugen, konnte es am andern Ende der Gesellschaftspyramide durchaus vorkommen, dass sich zwei Habenichtse vor einer Notschlafstelle bis aufs Blut um den besseren Platz in der Warteschlange prügelten, obwohl man ihnen glaubhaft versichert hatte, dass es für beide Platz gebe.

Oft lebten die Menschen diesen Drang nach Wettbewerb in organisierter Form aus. Am intensivsten geschah das in zwei Bereichen, die sich in ihren Äußerungsformen nur schwer unterscheiden ließen: Religion und Sport. Zu beiden gehörten regelmäßige Pilgerfahrten an heilige Stätten. Diese hatten oft weltweiten Charakter, und ihre Rituale, wie zum Beispiel gemeinschaftliches Singen, wurden von Millionen rund um den Globus an den Bildschirmen verfolgt. Da man glaubte, durch eine aktive oder auch nur betrachtende Teilnahme an solchen Veranstaltungen in gottähnliche Sphären zu gelangen, wurden manche im Vierjahresrhythmus stattfindenden Treffen »Olympische Spiele« genannt.

Die bei diesen Anlässen ermittelten Sieger wurden zu Idolen, die man insbesondere für die Leidensfähigkeit bewunderte, die sie beim Erwerb der für ihre Sportart notwendigen besonderen Fähigkeiten an den Tag gelegt hatten. Im Bereich der Religion wurden Menschen, die eine ebensolche Leidensfähigkeit bewiesen hatten, Märtyrer genannt. Die Bewunderung für sie hörte noch nicht einmal mit ihrem Tod auf, sondern begann dann erst richtig und konnte sich über Jahrtausende hinweg immer mehr verstärken.

Nicht alle Menschen waren Anhänger derselben Idole, was zu einer Art Sekundärwettbewerb unter den Bewunderergruppen führte. Je nach der Sphäre, in der sie stattfanden, bezeichnete man solche Auseinandersetzungen als Fanschlägereien oder Religionskriege. Sie galten unter den Beteiligten immer dann als besonders erfolgreich, wenn es gelungen war, die Zahl der Anhänger konkurrierender Idole möglichst stark zu reduzieren.

In seltenen Fällen konnte der Drang, die eigene Intelligenz als Waffe gegen andere zu benutzen, auch positive Auswirkungen haben. Es ergaben sich zum Beispiel Konstellationen, in denen sich gutbetuchte Philanthropen um den Titel des größeren Wohltäters stritten, mit der von den Konkurrenten in Kauf genommenen Folge, dass unbeteiligte Dritte von den dabei als Waffe eingesetzten guten Taten profitieren konnten.

In der Regel benutzte Homo sapiens seine mentalen Fähigkeiten also vor allem dazu, sich ständig neue Strategien für echte oder erfundene Wettkämpfe auszudenken. Diese permanente Anstrengung lastete sein Denksystem dermaßen aus, dass ihm nur sehr wenig Kapazität für das Nachdenken über die Folgen dieser Wettkämpfe übrig blieb. Diese Einschränkung empfand er aber in der Regel nicht als negativ, da ihn die Auswirkungen seiner Wettkämpfe meistens nicht selbst betrafen.

Natürlich gab es auch immer wieder vereinzelte Individuen, die Zweifel am Prinzip des permanenten Wettbewerbs und des daraus folgenden permanenten Wachstums äußerten. Sie galten in der Gesellschaft als Außenseiter und bekamen als Gegenargument zu ihren Forderungen zu hören, die menschliche Zivilisation hätte ohne den Drang zur ständigen Steigerung und Verbesserung überhaupt nie in ihrer aktuellen Form entstehen können. Die Frage nach dem Sinn oder der Nützlichkeit dieser Zivilisation wurde in solchen Debatten selten gestellt.

Der Mensch war durch seine spezifische Art der Intelligenz zur erfolgreichsten Tierart geworden. Aber den Preis für diesen Erfolg bezahlte die Spezies nicht selbst. Der Rest der Fauna wurde durch die explosionsartig anwachsenden Bestandszahlen von Homo sapiens immer mehr aus den angestammten Lebensräumen verdrängt oder als Folge davon immer häufiger ganz ausgerottet. Diese durchaus bekannte Tatsache führte innerhalb der Spezies Mensch sofort wieder zu einem neuen Wettbewerb, in dem es nicht etwa darum ging, die effektivste Methode gegen diese Entwicklung zu finden, sondern nur darum, derjenige zu sein, der in der

Öffentlichkeit sein Bedauern darüber am überzeugendsten ausdrückte.

Im Gegensatz dazu zog der tierische Denkapparat, der sich nicht inkrementell, sondern auf einen Schlag entwickelt hatte, seine Schlüsse zwar ebenfalls nach den Gesetzen der Logik, ging dabei aber von ganz anderen Prämissen aus. Nicht das Individuum mit seinen persönlichen Interessen stand im Zentrum aller Überlegungen, sondern die Gemeinschaft, eine Denkweise, die bei der Gattung Homo sapiens in Einzelfällen zwar auch vorkam, dort aber sehr viel weniger ausgeprägt war und, wo sie auftrat, als naiv oder unpraktikabel kritisiert wurde.

Der Gemeinschaftsbegriff wurde in der Tierwelt umso umfassender verstanden, je mehr sich das Retrovirus ausbreitete. Schon sehr bald schloss er nicht mehr nur die eigene Gattung, sondern auch alle anderen Spezies mit ein.

Bei den Tieren geschah auch das Nachdenken gemeinschaftlich, ohne dass ein Austausch von einzelnen Denkergebnissen notwendig gewesen wäre. Ihre Intelligenz war eine Gesamtintelligenz, was zur Folge hatte, dass sie immer im wahrsten Sinn des Wortes einer Meinung waren. Das wiederum ermöglichte es ihnen, Erkenntnisse nicht nur sehr viel schneller zu gewinnen, sondern die daraus erwachsenden Konsequenzen auch zügiger in Aktionen umzusetzen. Entscheidungen wurden nicht von einzelnen Individuen, sondern von der Gemeinschaft getroffen, und zwar, ohne dass dazu Verhandlungen oder Konferenzen notwendig gewesen wären. Dadurch entfiel auch die Notwendigkeit einer Rangordnung. Wo keine Kommandos gegeben werden müssen, braucht es keine Generäle. Betsy

Mae mochte zwar die Leitkuh ihrer Herde gewesen sein, aber den Entschluss, zuerst die beiden Farmer und dann das Schlachthaus anzugreifen, hatte sie nicht allein gefällt. Sie hatte deshalb auch nie die Notwendigkeit empfunden, ihn durch Zwang oder die Androhung von Bestrafungen durchzusetzen.

Wie es einer der letzten menschlichen Kommentatoren in einem Blog einmal formulierte: Man hatte es nicht mehr mit individuellen Tieren, sondern mit einem einzigen Organismus zu tun.

Da die neue, artenübergreifende Intelligenz in der Lage war, eine große Zahl von Fakten gleichzeitig aufzunehmen, diese Informationen zu einem Gesamtbild zusammenzufügen, Probleme zu erkennen und auf dieser Basis Pläne zu deren Behebung zu generieren, brauchte sie nur sehr wenig Zeit, um sich darüber klar zu werden, wo man ansetzen musste, um die Situation auf dem Planeten grundsätzlich zu verbessern. Um das einzusehen, genügte es, sich an all die Tierarten zu erinnern, die in der jüngeren Vergangenheit durch das Vordringen der menschlichen »Zivilisation« ausgestorben waren.

Requiem

Der Alagoas-Blattspäher und die Alaska-Wasserspitz-
maus und der Alberca-Ährenfisch und der Aldabra-
Buschsänger und die Algerische Gazelle und der Amistad-
Kärpfling und die Amsterdam-Ente und der Andentaucher
und das Annamitische Java-Nashorn und das Annamitische
Pustelschwein und der Annakleidervogel und die Angola-
Diademmeerkatze und die Antigua-Kanincheneule und
der Arabische Strauß und der Aru-Flughund und die
Aruba-Amazone und die Atalaya-Karbikspitzmaus und
die Äthiopische Wassermaus und der Atlasbär und der
Aucklandsäger und der Auerochse und der Australische
Langnasenbeutler und der Balitiger und die Barbados-
Riesenreisratte und der Barbados-Waschbär und das
Bengalische Java-Nashorn und der Berberlöwe und der
Berg-Affengesichtflughund und die Berg-Ferkelratte und
das Bergwisent und die Bermuda-Grundammer und der
Bermuda-Krabbenreiher und der Beutelwolf und der
Blassfußwaldsänger und der Blaubock und der Blaue Glas-
augenbarsch und die Blaugraue Maus und das Blaustirn-
Pfuhlhuhn und der Bodensee-Kilch und die Bonin-Erd-
drossel und der Bonin-Kernbeißer und die Bonin-Taube
und die Borrero-Zimtente und Borys weiße Fledermaus
und der Brace-Smaragdkolibri und das Breitkopfkänguru

und die Bramble-Cay-Mosaikschwanzratte und der Breit-
schwanzdöbel und die Breitwangen-Hüpfmaus und der
Brillenkormoran und die Bühler-Timor-Ratte und die
Cayman-Baumratte und die Cayman-Karibikspitzmaus und
die Candango-Maulwurfsmaus und der Cebu-Binden-
raupenfänger und das Cebu-Fledermauspapageichen und
der Cebu-Gelbkehlpirol und der Cebu-Glanzraupenfänger
und der Cebu-Weißbauchspecht und der Ceram-Nasen-
beutler und die Charrua-Rennechse und der Chatham-
Grassänger und die Cheesman-Lamellenzahnratte und die
Culebra-Amazone und der Daito-Mäusebussard und der
Daressalam-Zwerggecko und die Darling-Downs-Hüpf-
maus und die Darwin-Reisratte und der Delacour-Zwerg-
taucher und der Delalande-Seidenkuckuck und De Win-
tons Goldmull und die Dieffenbach-Ralle und der Dodo
und die Donau-Mairenke und der Dunkelkopf-Blattspäher
und der Dunkle Maulbrüter-Kampffisch und der Dünn-
schnabelnestor und die Eastwood-Geißelschildechse und
der Eiao-Fleckenmonarch und der Einsiedler-Grünkleider-
vogel und die Emma-Riesenratte und der Entenschnabel-
kärpfling und der Eskimo-Brachvogel und die Fadennasen-
bachschmerle und der Falklandfuchs und der Falsche
Kurzschwanz-Requiemhai und die Fernando-de-Noronha-
Ratte und die Fidschi-Ralle und die Florida-Nacktschwanz-
ratte und der Florida-Rotwolf und die Furchenzahn-Wald-
maus und die Galápagos-Riesenratte und der Galápagos-
Riffbarsch und die Gelbe Gallwespenschleiche und der
Gelbkopf-Kleidervogel und der Gelbkopf-Papageischnäb-
ler und der Gelbstirnwaldsänger und der Gesellschafts-
läufer und die Gespensterelritze und die Gestreifte Stein-

schmerle und der Grazile Leuchtaugen-Kärpfling und die Große Kuba-Karibikspitzmaus und die Große Neuseelandfledermaus und der Große Samoa-Flughund und der Großkieferbuntbarsch und die Großohrhüpfmaus und die Guadalcanal-Riesenratte und der Guadalupe-Buschzaunkönig und die Guadalupe-Fleckengrundammer und der Guadalupe-Karakara und der Guadalupe-Kupferspecht und der Guadalupe-Wellenläufer und der Guam-Brillenvogel und der Guam-Flughund und der Guam-Fuchsfächerschwanz und der Guam-Monarch und der Hadley-Lake-Stichling und die Haiti-Ferkelratte und die Haiti-Karibikspitzmaus und der Hasenschartensauger und die Hawaiiralle und die Hawkins-Ralle und das Heidehuhn und der Hokkaidō-Wolf und der Huia und die Huppe und die Ilin-Borkenratte und der Imber-Sturmvogel und die Insel-Buschratte und der Jamaika-Affe und der Jamaika-Glattkopfleguan und die Jamaika-Reisratte und der Japanische Fischotter und der Japanische Seelöwe und der Java-Kiebitz und der Java-Tiger und der Javanische Rundstechrochen und die Jemen-Gazelle und die Jungferninseln-Kreischeule und die Kaiserriesenratte und der Kaiserspecht und der Kalifornische Grizzlybär und der Kanaren-Austernfischer und das Känguru-Insel-Emu und der Kaplöwe und die Karibische Mönchsrobbe und der Karolinasittich und das Karpatenwisent und der Kaspische Tiger und der Kaukasus-Elch und der Kawekaweau-Gecko und das Kenia-Bleichböckchen und die Kleine Fera und die Kleine Häschenratte und der Kleine Kaninchennasenbeutler und die Kleine Kuba-Karibikspitzmaus und der Kleine Maskarenen-Flughund und der Kleine Palau-Flughund und der

49

Kleine Pseudoschaufelstör und der Kleine Samoa-Flughund und der Kokohuia und der Kona-Papageischnäbler und die Königsgenette und der Königskleidervogel und der Kosrae-Singstar und das Kosrae-Sumpfhuhn und der Kouprey und der Krausschwanzmoho und die Kuba-Nachtschwalbe und die Kuba-Stummelschwanzferkelratte und die Kurznasen-Maräne und die Kurzschwanz-Hüpfmaus und die Labradorente und der Lanai-Hakenschnabel und die Langkiefer-Maräne und die Langschwanz-Hüpfmaus und der Lanzarote-Zilpzalp und der La-Trinidad-Wüstenkärpfling und Leguats Sumpfhuhn und der Lord-Howe-Brillenvogel und der Lord-Howe-Graufächerschwanz und die Lord-Howe-Großohrfledermaus und die Lord-Howe-Inseldrossel und der Lord-Howe-Kuckuckskauz und das Lord-Howe-Purpurhuhn und der Lord-Howe-Ziegensittich und die Luena-Antilope und die Maclear-Ratte und das Madagaskar-Pantanodon und das Madegassische Flusspferd und die Madeira-Ringeltaube und die Maiforelle und die Malabar-Zibetkatze und der Marcano-Schlitzrüssler und der Mangareva-Rohrsänger und der Mariannebrillenvogel und die Marie-Galante-Kanincheneule und die Marokko-Trappe und die Martinique-Amazone und der Martinique-Glattkopfleguan und der Martinique-Hauszaunkönig und die Martinique-Riesenreisratte und das Maskarenen-Blässhuhn und das Maskarenen-Purpurhuhn und die Mauritius-Boa und die Mauritius-Eule und die Mauritius-Fruchttaube und die Mauritius-Gans und der Mauritius-Grausittich und der Mauritius-Nachtreiher und der Mauritius-Papagei und die Mauritius-Ralle und der Mauritius-Riesenskink und die Mauritius-Sattelrücken-

Riesenschildkröte und die Mauritius-Wurmschlange und das Merriam-Wapiti und der Mexikanische Grizzlybär und das Mexikanische Neunauge und das Miller-Sumpfhuhn und Miss Waldrons Roter Stummelaffe und die Mitra-Hufeisennase und der Mohuy und der Molokai-Kletterkleidervogel und das Mondnagelkänguru und der Moorea-Rohrsänger und der Mount-Lofty-Fleckenflöter und die Musser-Timor-Ratte und das Nacktbrustkänguru und die Navassa-Zwergboa und der Navassa-Nashornleguan und die Nelson-Reisratte und das Neukaledonien-Laufhühnchen und die Neukaledonien-Nachtschwalbe und der Neuseeländische Forellenhechtling und das Neuseeländische Pfuhlhuhn und die Neuseeländische Schwarzbrustwachtel und die Nevis-Reisratte und die Nordafrikanische Kuhantilope und das Nordchina-Wildschaf und der Nordinsel-Priol und die Nordinsel-Schnepfe und die Nördliche Spitzschwanzente und der Nördliche Spiegelfeinsänger und der Nördliche Stützbeutler und der Nordsee-Schnäpel und die Norfolk-Erdtaube und das Nullarbor-Bürstenkänguru und der Oahu-Astläufer und der Oahu-Klarinettvogel und der Oahu-Sichelkleidervogel und der Ohrbüschelmoho und die Oriente-Höhlenratte und die Orontes-Brachse und der Ostasiatische Schlammpeitzger und das Ostgrönland-Rentier und das Östliche Bürstenschwanz-Rattenkänguru und das Östliche Hasenkänguru und das Östliche Irmawallaby und der Paganrohrsänger und der Paradiessittich und der Parras-Hochlandkärpfling und die Pemberton-Hirschmaus und der Percy-Island-Flughund und der Pernambuco-Zwergkauz und das Peru-Viscacha und der Polynesische Edelpapagei und der Portugiesische Steinbock und die

Poso-Bungu-Grundel und Prakkes Riednatter und der Prachtmoho und die Puebla-Hirschmaus und die Puerto-Rico-Ferkelratte und die Puerto-Rico-Höhlenstachelratte und die Puerto-Rico-Karibikspitzmaus und der Pyrenäensteinbock und das Quagga und das Queen-Charlotte-Karibu und der Raubkärpfling und die Réunion-Eule und der Réunion-Falke und die Réunion-Gans und der Réunion-Halsbandsittich und der Réunion-Nachtreiher und der Réunion-Riesenskink und der Réunion-Webervogel und die Rennell-Weißkehlente und der Riesenalk und die Riesenfossa und der Riesenmesserfisch und der Riesenvampir und der Rodrigues-Bülbül und der Rodrigues-Nachtreiher und der Rodrigues-Riesengecko und der Rodrigues-Solitär und der Rodrigues-Taggecko und Roosevelts Anolis und die Rosenkopfente und die Rotaugendrossel und die Rotbart-Fruchttaube und die Rotmeerschwalbe und der Rotmeerzitterrochen und die Rotschnabelralle und der Rotwangenkauz und der Russische Stör und der Saint-Christopher-Rotkopfgimpelfink und die Saint-Croix-Peitschennatter und die Saint-Lucia-Riesenreisratte und die Saint-Michel-Karibikspitzmaus und die Salomonentaube und die Samaná-Ostschmätzertangare und die Samoa-Wasserfledermaus und der San-Benedicto-Felsenzaunkönig und die San-Cristobal-Taube und die Sangihe-Schmuckbaumnatter und die San-Felipe-Baumratte und der Sansibar-Leopard und die San-Stephano-Ruineneidechse und die Santa-Barbara-Singammer und die Santa-Cruz-Reisratte und der Santa-Maria-Kernbeißergrundfink und der Sardische Pfeifhase und die Saudi-Gazelle und der Schaufelkärpfling und die Schlankschnabelgrackel und der

Schlichtstar und der Schmalfedermoho und der Schomburgk-Hirsch und die Schwaneninseln-Ferkelratte und der Schwarze Emu und die Schwarze Schlanknatter und die Schwarze Strandammer und der Schwarzstirnsittich und die Schwarzrücken-Zwergdommel und der Schwertstör und der Schuppenkehlmoho und der Seenerz und der Seychellensittich und die Seychellen-Riesenschildkröte und die Sherman-Kurzschwanzspitzmaus und die Silberbandtaube und der Silberne Riffbarsch und die Singapur-Bartfledermaus und die Sirintaraschwalbe und Stellers Seekuh und der Stephenschlüpfer und der Steppentarpan und die Stewartschnepfe und der St.-Helena-Kuckuck und die St.-Helena-Ralle und der St.-Helena-Riesensturmvogel und das St.-Helena-Sumpfhuhn und der St.-Helena-Wiedehopf und die St.-Vincent-Zwergreisratte und die Sturdee-Zwergfledermaus und der Stützbeutler und der Südinsel-Kokako und der Südinsel-Priol und das Südliche Wüstenwarzenschwein und der Sumatra-Blauschnäpper und der Syrdaja-Schaufelstör und der Syrische Halbesel und der Taiwanesische Halbschnäbler und der Taiwanische Nebelparder und der Tasmanische Emu und der Tecopa-Kärpfling und der Techirghiol-Stichling und der Telefomin-Kuskus und die Tiefwasser-Maräne und der Timorensische Reisfisch und der Tonga-Skink und die Torre-Höhlenratte und die Tristan-Inselralle und die Tsushima-Röhrennasenfledermaus und der Türkiskehl-Höschenkolibri und die Utah-Groppe und die Veilchen-Amazone und das Veloz-Zaguti und die Viesca-Klappschildkröte und Visagies Goldmull und der Waitaha-Pinguin und der Waldschlüpfer und der Waldtinamu und Walkers Froschfisch und die

Wandertaube und die Weihnachtsinsel-Ratte und die Weihnachtsinsel-Spitzmaus und die Weihnachtsinsel-Zwergfledermaus und der Weißbrust-Brillenvogel und die Weißfußkaninchenratte und der Weißstreifen-Fundulus und der Weißwangen-Kleidervogel und der Weißwangenkauz und die Westliche Braunstirn-Eremomela und das Westliche Spitzmaulnashorn und der Worthington-Labeo und das Wüsten-Bürstenrattenkänguru und der Wüsten-Langnasenbeutler und der Yunnan-Weißhandgibbon und der Zahnbuntbarsch und das Zentralaustralische Hasenkänguru und Zunigas Dunkle Reisratte und der Zweifarbige Buntbarsch und die Zwergbaumratte und die Zwerg-Kurzhorn-Krötenechse.

Nicht nur, aber auch aufgrund dieser Liste kam die Gemeinschaft der Tiere zum Schluss, dass Homo sapiens als Schädling zu betrachten sei, und fasste als einzig logische Folge aus dieser Erkenntnis den Entschluss, diese Spezies ein für alle Mal auszurotten.

Weißer Hai
Carcharodon carcharias

Bei diesem Beschluss, der ohne Besprechung und Abstimmung zustande kam, spielte Rache keine Rolle, obwohl die Tiere, wenn man menschliche Maßstäbe hätte anlegen wollen, nach den Erfahrungen vieler Generationen durchaus Grund gehabt hätten, an den Menschen Rache zu nehmen. Es ging ihnen aber einzig und allein darum, eine Fehlentwicklung zu korrigieren, die nicht nur einzelne Bereiche der Natur aus dem Gleichgewicht gebracht hatte, sondern drohte, die Natur als Ganzes zu zerstören.

In den Jahrtausenden des freiwilligen oder erzwungenen Zusammenlebens hatten sie gelernt, mit bestimmten Einzelexemplaren von Homo sapiens umzugehen. Sie wussten, wie man diese Zweibeiner durch unauffällige Dressur dazu bringen konnte, einen mit Futter zu versorgen oder sogar mit Spielen zu unterhalten. Aber jetzt ging es nicht mehr um einzelne Menschen, sondern um rund acht Milliarden von ihnen, die möglichst vollständig vom Planeten entfernt werden sollten. Den Tieren war klar: Eine Befreiungsaktion dieser Größenordnung konnte nur gelingen, wenn man die Menschen dazu brachte, sich an der eigenen Ausrottung tatkräftig zu beteiligen. So wie sie im Lauf der Geschichte immer wieder Krieg gegeneinander geführt hatten, konnte das nicht allzu schwierig sein. Wie sich nicht nur einzelne, sondern ganze Gruppen von Menschen zu bestimmten Verhaltensweisen bewegen ließen, sollte nun getestet werden, und zwar auf der thailändischen Insel Koh Tachai, die wegen ihrer relativen Abgeschlossenheit ein ideales Versuchsgelände darstellte.

Die Insel im Andamanischen Meer war im Jahr 2016 von den lokalen Behörden für den Tourismus gesperrt worden, weil die Unzahl von Menschen, die dort die unberührte Natur genießen wollten, eben diese unberührte Natur zu zerstören drohte. Wo sich vernünftigerweise nicht mehr als hundert Menschen hätten gleichzeitig aufhalten dürfen, hatten sich zeitweise weit über tausend gedrängt. Durch die Schließung der Insel wollte man der Vegetation und vor allem den bei Schnorchlern sehr beliebten Korallenriffen Gelegenheit geben, sich vom Ansturm ihrer Bewunderer zu erholen. Der Plan wäre sinnvoll gewesen, hatte aber, weil es hier viel Geld zu verdienen gab, keinen Bestand.

(Geld war eines der Elemente des menschlichen Zusammenlebens, das den Tieren trotz ihrer gesteigerten Intelligenz völlig unverständlich blieb.)

Dem Geschäftsmann Dieter »Bubi« Kentner aus Duisburg gelang es schon ein paar Jahre nach der Schließung, vom zuständigen Tourismusminister Jiraphat Panya, einem ehemaligen General der thailändischen Armee, die Bewilligung für ein sogenanntes »Eco Village« auf Tachai zu erhalten. Inwieweit dabei Bestechung im Spiel war, wurde nie gerichtlich festgestellt, war aber nach Kenntnis der lokalen Sitten anzunehmen.

Gemäß der Bewilligung sollte das Eco Village »der Erforschung und Erhaltung der lokalen Fauna und Flora« dienen. Insbesondere sollten »Freiwillige aus aller Welt die Gelegenheit bekommen, diese Ziele durch unbezahlte Arbeit zu unterstützen und dabei die Schönheiten der thailändischen Natur kennenzulernen«. Den Betreibern war es ausdrücklich verboten, »aus ihren Aktivitäten irgendwelche finanziellen Vorteile zu ziehen«.

Dieter Kentner verstand diese Einschränkungen so, wie sie gemeint waren: als Freibrief, um auf Koh Tachai ein exklusives Ferien-Resort zu installieren. Die strengen Vorschriften dem Buchstaben nach einzuhalten war nicht weiter schwierig. Man konnte auf der Insel nicht einfach einen Ferienaufenthalt buchen, das hätte den Paragrafen der Bewilligung widersprochen. Aber wer die von Kentner eingerichtete und verwaltete Koh-Tachai-Stiftung durch eine namhafte Spende unterstützte, bekam eine Einladung, die Verwendung seiner Gelder vor Ort zu überprüfen. Von diesen »Gönnern« wurde vor allem die Exklusivität des *Eco Village* geschätzt, die der beträchtlichen Höhe der verlangten wohltätigen Spenden geschuldet war. Das *Village,* auch das gehörte zur Strategie seines Besitzers, tauchte in keinem Katalog eines Reiseveranstalters auf, und Presseberichte wurden so weit wie möglich vermieden. »Bubi« Kentner hatte sein Geld mit einer Reihe von Bordellen im Ruhrgebiet gemacht, und in diesem Gewerbe hatte er den Wert von Mund-zu-Mund-Propaganda schätzen gelernt.

Man konnte die meist per Helikopter angereisten Unterstützer natürlich nicht einfach in Zelten hausen lassen, und so ließ Kentner ein (als Biwak bezeichnetes) Hotel bauen, das sowohl exklusive Suiten wie auch noch exklusivere

Bungalows direkt am weißen Sandstrand anbot. Die finanzstarken Naturfreunde wurden von einem Küchenteam unter Leitung eines von Gault & Millau ausgezeichneten französischen Küchenchefs verpflegt. (Dem Charakter eines Eco Village entsprechend, wurden diese Mahlzeiten in den Tagesprogrammen als Picknicks aufgeführt.)

Damit sich die Gäste von ihrer anstrengenden Beteiligung an den naturschützerischen Arbeiten erholen konnten, wurden ihnen vom Tennisplatz bis zum begleiteten Schnorchelausflug zum Korallenriff eine Menge geboten. Nur auf das Anlegen eines Golfplatzes hatte Kentner schweren Herzens verzichten müssen; dafür war die Fläche von Koh Tachai einfach zu klein. Um diesen Mangel auszugleichen, hatte er sich als besondere Attraktion eine kleine Krokodilzucht einfallen lassen. Man konnte dort die Tiere bei der Fütterung beobachten und anschließend, als Andenken an die eigenen ökologischen Aktivitäten, ihre Häute in der Form von Handtaschen und Aktenkoffern mit nach Hause nehmen – selbstverständlich nicht gegen Bezahlung, das hätte den staatlichen Bestimmungen nicht entsprochen. Man erhielt diese Souvenirs als kleines Dankeschön für eine entsprechende Spende.

Als die Tiere ihren Versuch starteten, befanden sich auf Koh Tachai rund hundert Personen, etwa dreißig Gäste und siebzig Angestellte. Das Ziel der Aktion: Alle diese Menschen so schnell wie möglich von der Insel vertreiben.

Das beliebteste Ausflugsziel der Nicht-Touristen von Koh Tachai waren die Korallenbänke vor der Insel. Die entsprechenden Tauchgänge fanden unter Anleitung von Jean-François Dumesnil statt, der sich selbst als Weltenbummler bezeichnete und vor allem bei den weiblichen Gästen sehr beliebt war. An einem noch nicht allzu heißen Frühlingstag des Jahres 2034 waren nur drei Besucher mit ihm auf dem Weg zum Riff: die Erbin einer internationalen Hotelkette, ein Schauspieler, der in einer seit bald einem Jahrzehnt laufenden Soap Opera die Hauptrolle spielte, und ein Südafrikaner, von dem niemand so genau wusste, in welcher Branche er tätig war, der aber über sehr viel Geld zu verfügen schien. Außerdem waren zwei indische Angestellte des *Eco Village* mit an Bord: der Fahrer des Motorboots und ein Kellner, der für die Versorgung der Gäste mit kühlen Drinks und kleinen Snacks zuständig war.

Die vier Taucher hatten kaum ihr Boot verlassen, als sie von einer ganzen Gruppe weißer Haie angegriffen wurden – in einem Gebiet, in dem bisher noch nie Haie gesichtet worden waren. Wie später aus dem verständlicherweise ziemlich verwirrten Bericht der beiden Angestellten zu entnehmen war, schienen diese Tiere nicht von Hunger getrieben zu sein. Dumesnil verlor beide Beine, die Hotelerbin einen Arm, dem Schauspieler wurde das von den Fernsehzuschauern in über vierzig Ländern so geliebte Gesicht verunstaltet, und der südafrikanische Millionär tauchte nicht wieder auf, nachdem er von einem der riesigen Tiere in die Tiefe gerissen worden war.

Der Angriff, erklärten die beiden hinterher übereinstimmend, dauerte nur wenige Sekunden. Dann waren die Haie wieder verschwunden. Es gelang, die schwer verwundeten Überlebenden mit vereinten Kräften ins Boot zu hieven, aber als sie am Ufer ankamen, war Jean-François Dumesnil bereits nicht mehr am Leben. Der Krankenschwester des

Village – einen Arzt gab es nicht – gelang es, den Zustand der Hotelerbin so weit zu stabilisieren, dass ein Helikoptertransport zum Khura Buri Hospital in Phang-nga organisiert werden konnte. Im selben Krankenhaus wurden die Verletzungen des Schauspielers als zwar entstellend, aber nicht lebensgefährlich diagnostiziert.

Um von der geschäftsschädigenden Tragödie abzulenken, lud Dieter Kentner die anderen Gäste zu einem *Apéro Surprise de luxe* ein. Als sie auf der Terrasse des Hotels gerade begonnen hatten, die aufregenden Ereignisse des Tages zu besprechen, wurde ihr Beisammensein durch eine Invasion von Schlangen gestört. Außer einer einzigen Königskobra handelte es sich dabei nur zu einem kleinen Teil um Giftschlangen, aber das konnten die Gäste trotz ihrer mit viel Geld bewiesenen Liebe zur Natur nicht unterscheiden. Es wurde auch niemand gebissen. Die Rattenschlangen, Grünen Baumschnüffler, Grubenottern, Schmuckbaum- und Wolfszahnnattern wuselten nur auf dem Boden und zwischen den silbernen Platten des schnell aufgebauten Buffets herum oder versuchten sogar, an den Beinen der Gäste hinaufzukriechen. Wie von den Tieren erwartet, löste das eine allgemeine Panik aus. Die prominenten Naturfreunde wollten die Insel ausnahmslos sofort verlassen und verlangten von Kentner kategorisch, per Helikopter abgeholt zu werden, koste es, was es wolle.

Von den thailändischen und indischen Angestellten wurde das plötzliche massenhafte Auftauchen der sonst so menschenscheuen Reptilien als Omen empfunden. Sie waren davon überzeugt, dass die tierische Invasion den Untergang der Insel durch ein Erdbeben oder einen Tsunami ankündigte. Um dieser Katastrophe zu entgehen, stürmten sie die Motorboote, deren Benutzung sonst den Gästen vorbehalten war, enterten die eigentlich nur zur Dekoration bestimmten bunten Longtailboote, und einige wagten sich sogar auf aufblasbaren Gummiflößen auf das offene Meer hinaus.

Der Trubel dauerte nur wenige Stunden. Dann entfernte sich das letzte Motorengeräusch, und Dieter Kentner blieb allein auf Koh Tachai zurück. Zwar wäre in einem der Helikopter, deren Miete ihn ein Vermögen kostete, auch für ihn Platz gewesen, aber er hätte es nicht ausgehalten, sich auch nur eine Minute länger den Vorwürfen seiner Gäste auszusetzen. Sie machten ihn zwar nicht für den Haiangriff verantwortlich, hatten ihm aber wegen des Schlangen-Überfalls mit Klagen wegen Verletzung der Sorgfaltspflicht gedroht. Und diese Leute, aus deren exklusiven Kreisen er bisher so erfolgreich seine Kundschaft rekrutiert hatte, konnten sich nicht nur die teuersten Anwälte (und wenn nötig auch die entsprechenden Bestechungsgelder) leisten, sie würden auch dafür sorgen, dass nie wieder ein gut-betuchter Naturfreund auf den Gedanken kam, das *Eco Village* zu unterstützen. »Bubi« Kentner, das wurde ihm schmerzhaft klar, war ein ruinierter Mann. Sein Geschäfts-modell funktionierte nicht mehr, und das ganze Vermögen, das er sich in den harten Jahren als Bordellbetreiber erar-beitet hatte, würde den Bach runtergehen.

Vielleicht lag es an seinen düsteren Gefühlen, dass er bei einem Abschiedsrundgang über die Insel, die er so lang als die seine betrachtet hatte, zu spät bemerkte, dass das Gitter rund um die Krokodilteiche nicht richtig geschlossen war.

Vielleicht hätte er einem seiner geflohenen Angestellten die Schuld an dieser Schlamperei gegeben – der Gedanke, dass ein Makake das Gitter geöffnet haben könnte, wäre ihm nie gekommen –, aber Dieter Kentner kam nicht mehr dazu, irgendetwas zu überlegen. Die Krokodile warteten schon auf ihn.

Die Tiere stellten fest: Das Experiment, eine ganze Insel von Menschen zu befreien, war ein voller Erfolg gewesen. Aber vielleicht war die Aufgabe, die sie sich gestellt hatten, auch einfach zu leicht gewesen.

Mexikanische Bulldoggfledermaus
Tadarida brasiliensis

Das erste Experiment war exakt nach Plan verlaufen. Die Menschen hatten reagiert wie erwartet, und unvorhergesehene Probleme waren nirgends aufgetaucht. Aber – diese Frage konnte für die weitere Planung des großen Feldzugs entscheidend sein – würde dasselbe oder ein ähnliches System auch bei größeren Menschenansammlungen funktionieren? Verhielten sich Massen gleich wie kleinere Gruppen, oder gab es da prinzipielle Unterschiede? Eine weitere Frage ergab sich aus der Beobachtung, dass die Schlangen eine stärkere Wirkung hatten als vorgesehen, und zwar durch ihre bloße Anwesenheit, ohne dass sie jemanden angegriffen hätten. Ließ sich diese Erfahrung auch auf andere Situationen übertragen? Und waren vielleicht auch andere Tierarten dazu geeignet, einen ähnlichen Effekt auszulösen?

Die bei Homo sapiens hoch entwickelte Angst vor Schlangenbissen war von Anfang an Teil des Angriffsplans gewesen. Aber die Menschen hatten auf die bloße Präsenz von Ottern und Nattern panischer reagiert als von den Tieren erwartet. Dass Menschen gefährliche von ungefährlichen Tieren nicht zu unterscheiden wussten, wie sich zum Beispiel immer wieder an der hysterischen Reaktion von

Homo sapiens auf völlig ungefährliche Spinnen beobachten ließ, war eine wohlbekannte Tatsache. Aus den Geschehnissen auf Koh Tachai war aber zu schließen, dass ihnen ein anderes Element der Situation noch unheimlicher und damit bedrohlicher erschienen war: Die Schlangen hatten sich anders verhalten, als man es von diesen Reptilien sonst gewohnt war. Sie hatten sich nicht verkrochen, wie sie es sonst reflexartig taten, sondern waren im Gegenteil geradezu aufdringlich gewesen. Und, was die Menschen auf der Terrasse mindestens ebenso sehr, wenn nicht noch mehr erschreckt hatte: Die Ottern und Nattern waren nicht einzeln, sondern als Gruppe auf der Hotelterrasse aufgetaucht, ein Verhalten, das sich bei diesen Tieren für gewöhnlich nicht beobachten ließ.

Aus der Reaktion der Menschen ließ sich also der Schluss ziehen, dass Angriffe auch völlig harmloser Tiere erfolgversprechend sein konnten, wenn sie nur in genügend großer Zahl auftraten und dabei ungewohnte Verhaltensweisen zeigten. Für den geplanten Feldzug war das eine nützliche Erkenntnis.

Um sicherzugehen, dass sich dieses Phänomen nicht nur auf Schlangen beschränkte, wurde beschlossen, noch einen weiteren Versuch durchzuführen. Diesmal sollte es nicht nur darum gehen, die erschreckende Wirkung harmloser Tiere zu überprüfen, es sollte auch getestet werden, ob es gelingen konnte, eine bedeutend größere Anzahl von Menschen in die Flucht zu treiben. Auf Koh Tachai waren nur rund hundert Personen vom Angriff der Tiere betroffen gewesen. Diesmal sollten es achthundertmal so viele sein.

Als Ort des Experiments wurde die am Guadalupe

und am Comal River gelegene Kleinstadt New Braunfels (Comal County) in der Nähe von San Antonio, Texas, bestimmt. Die Stadt war, wie der Name schon zeigt, eine ursprünglich deutsche Gründung, die am Karfreitag 1845 durch den Verein zum Schutze deutscher Einwanderer in Texas (»Mainzer Adelsverein«) ins Leben gerufen worden war. Auch im 21. Jahrhundert hatten immer noch viele Einwohner deutsche Wurzeln, und so wurde in New Braunfels immer im November das sogenannte »Wurstfest« gefeiert, eine amerikanisierte Form des Münchner Oktoberfestes mit Festzelt, Karussells und Jahrmarktsbuden. Des großen Erfolges wegen – das Ereignis zog immer zahlreiche auswärtige Besucher an – hatte man vor einiger Zeit beschlossen, das Wurstfest in Zukunft zweimal jährlich stattfinden zu lassen, außer im November auch noch am ersten April-Wochenende, zum Jahrestag der Stadtgründung. An diesen Tagen war neben den rund sechzigtausend Einwohnern mit noch einmal zwanzigtausend Gästen zu rechnen.

Am Sonntag des 2. Aprils 2034 war das Wetter schön, und auf dem Festgelände herrschte ausgelassene Stimmung. Die traditionellen Wurststände machten gute Geschäfte, wobei die Old Style Footlong Sausage Roll besonders beliebt war. Es gab diese Spezialität auch in doppelter Länge, und man bekam sie sogar gratis, allerdings nur unter der Bedingung, dass man es schaffte, sie vor versammeltem Publikum restlos aufzuessen.

Die längste Schlange auf dem Festplatz hatte sich vor dem Triple Looping gebildet, der seine kreischenden Fahrgäste so wild durch die Luft wirbelte, dass an der Kasse ein Schild darauf hinwies, dass für unangenehme körperliche

Folgen wie Übelkeit keine Haftung übernommen werden könne. Die Warnung wirkte auf junge Leute wie ein Magnet.

Auf der kleinen Bühne im Festzelt versuchte die Brass Band der New Braunfels High School Stimmung zu machen. Die Schüler waren als Warm-up-Gruppe engagiert, denn pünktlich um 13 Uhr sollten hier die legendären German Polka Stars auftreten, die man sonst nur im eine Stunde entfernten Schulenburg mit seinem Texas Polka Music Museum hören konnte.

Aber um 13 Uhr passierte dann etwas ganz anderes.

New Braunfels liegt ziemlich genau fünfzehn Meilen östlich von einem Naturschutzgebiet, das sich auf dreitausend Acres rund um das Höhlensystem der Bracken Cave erstreckt. In dieser Höhle – das war der Grund, warum das Experiment gerade hier durchgeführt wurde – leben rund zwanzig Millionen brasilianische (oder auch mexikanisch genannte) Bulldoggfledermäuse und bilden damit die weltweit größte Ansammlung von Säugetieren. Sie halten sich allerdings nur im Sommerhalbjahr in Texas auf. Zum Überwintern machen sie sich Anfang November auf den rund tausend Meilen langen Flug nach Mexiko.

Im April 2034 waren sie noch nicht lang in ihrer Höhle angekommen, als sie sich mitten am Tag wieder auf den Weg machten. In einer dichten Wolke von Tieren, die an die Rauchfahne eines Vulkanausbruchs erinnerte, strömten sie aus der Doline, die zu ihrer Höhle führt. Sie wurden dabei von niemandem beobachtet, denn die an diesem Schauspiel interessierten Touristen kamen immer erst abends, zur üblichen Flugzeit der Fledermäuse.

Um nicht vorzeitig gesichtet zu werden, stieg der riesige Schwarm in über zwei Meilen Höhe auf, obwohl dort tagsüber keine nahrhaften Insekten zu erwarten waren. Für den Flug nach New Braunfels benötigten sie knapp zehn Minuten, da diese Fledermausart Geschwindigkeiten von bis zu hundert Meilen pro Stunde erreichen kann. Sie verließen ihre Flughöhe erst wieder, als sie über der Stadt angekommen waren.

Die German Polka Stars hatten im Festzelt gerade ihre Plätze eingenommen, als von außen Schreie zu hören waren. Mitten am Tag, wenn normalerweise keine Einzige von ihnen außerhalb ihrer Schlafhöhle anzutreffen ist, flatterten plötzlich Schwärme von Fledermäusen auf dem Gelände des Wurstfestes herum. In Handyaufnahmen, die bald auf allen Fernsehkanälen und in den sozialen Netzwerken die Runde machten, war deutlich zu sehen, dass sie ganz gegen ihre Gewohnheit auf Kopfhöhe flogen, sodass jeder einzelne Festbesucher von einer Wolke aus ledernen Flügeln umgeben war. Shirley Brockman, die Bürgermeisterin der Stadt, sagte später in einem Interview, Abertausende dieser Tiere seien wie aus dem Nichts aufgetaucht. Diese Aussage war ungenau. In Wirklichkeit waren es mehr als eine Million.

Ungewöhnlich war nicht nur der Zeitpunkt, zu dem die Fledermäuse unterwegs waren, auch die Art, wie sie sich verhielten, war ganz anders, als es sonst bei dieser Tierart der Fall war. Während sie sonst durch das hochempfindliche Echolot ihres Orientierungssinns jeden Kontakt mit Gegenständen oder gar mit Menschen problemlos vermieden, schienen sie es jetzt gerade darauf abgesehen zu haben, die Gesichter der Festbesucher mit ihren Flügeln zu streifen. Dadurch bekam jeder Anwesende das Gefühl, er ganz persönlich sei zum Ziel einer animalischen Attacke geworden. Die Leute schrien und schlugen um sich, die Kinder klammerten sich schreiend an ihre Eltern, und als sich dann – niemand wusste, wie diese Falschmeldung entstanden war – das Gerücht verbreitete, die Fledermäuse verhielten sich so seltsam, weil sie alle die Tollwut hätten, führte die allgemeine Panik zu einer Massenflucht vom Festplatz, ein Verhalten, das im Viehzüchterstaat Texas als »Stampede« bekannt war.

Im Festzelt war die Panik umso heftiger, weil sich alles zu den wenigen Ausgängen drängte. Mehrere Besucher wurden niedergetrampelt, was zu schweren Verletzungen aber – »durch Gottes Hilfe«, sagte Bürgermeisterin Brockman später – zu keinen Todesfällen führte.

Ian McInnis, trotz seines schottischen Namens der Bandleader der German Polka Stars, versuchte gegen die Panik anzugehen, indem er die beliebte *Beer Barrel Polka (»Rosamunde«)* anstimmte, bei der die Leute sonst immer mitsangen und mitklatschten. Nachdem eine Fledermaus in den Schalltrichter seiner Trompete geflogen war und keine Anstalten machte, ihn wieder zu verlassen, gab er diesen Versuch wieder auf.

Es dauerte keine zehn Minuten, bis nicht nur das Festzelt, sondern das ganze Gelände völlig leer gefegt waren. Nur einige Fahrgäste der Triple Looping waren immer noch in ihren Sitzen weit über dem Boden festgeschnallt und schrien vergeblich nach Hilfe. Auch die Betreiber der Fahrgeschäfte hatten die Flucht ergriffen.

Doch die Fledermäuse führten ihre Angriffe auch außerhalb des Festgeländes fort. Sie umkreisten ihre Opfer auf der Straße und verfolgten sie in ihre Wohnungen. Allein schon das Zahlenverhältnis ließ den Menschen keine Chance: Auf jeden Bewohner von New Braunfels kamen fünfundzwanzig Fledermäuse.

Die ersten Autos mit Flüchtlingen verließen die Stadt schon am frühen Nachmittag.

Natürlich versuchten die Menschen, Gegenmaßnahmen zu ergreifen. Sich in den Häusern zu verbarrikadieren erwies sich als zwecklos, da die nur ein paar Zentimeter langen Tiere auch durch die kleinsten Öffnungen Einlass fanden. Mehrere der Stadtverordneten forderten Bürgermeisterin Brockman auf, das Militär oder doch zumindest die Nationalgarde zu Hilfe zu rufen, aber bis sie sich dazu entschließen konnte – Bulldoggfledermäuse standen unter Naturschutz –, war die Stadt bereits menschenleer, und die geflügelten Angreifer hatten sich in ihre Höhle zurückgezogen.

In der Altstadt brannten mehrere historische Gebäude nieder, weil jemand, in der Hoffnung, die Tiere dadurch zu vertreiben, ein Feuer entzündet hatte. Die Feuerwehr wurde zwar alarmiert, traf aber wegen der vielen Notrufe, die sie erreicht hatten, viel zu spät ein.

Weil die Fledermäuse nach dem erfolgreichen Abschluss des Experiments ihre Aktionen einstellten, blieb New Braunfels nicht auf Dauer menschenleer. Die geflohenen Bewohner kehrten bald zurück – bis dann der eigentliche Krieg die Stadt wie viele andere endgültig unbewohnbar machte.

Countdown

Mehr als die beiden Versuche brauchten die Tiere nicht, und wahrscheinlich hätten sie auch ohne diese Probeläufe denselben Angriffsplan entwickelt. Mitte April 2034 waren die Vorbereitungen für den großen Krieg abgeschlossen. Ohne dass es dazu eine Fanfare oder eine Ansprache gebraucht hätte, ohne Abstimmungen und Versammlungen waren sich die Tiere einig: An der Kampagne zur Ausrottung der Menschheit führte kein Weg vorbei.

Der Krieg war unvermeidbar, und man war dafür bereit.

Den Menschen drohte ein Unheil, das nur mit der biblischen Sintflut zu vergleichen war, aber sie bekamen – wie es wohl auch Noah ergangen war, bevor die ersten Regentropfen fielen – von der sich anbahnenden Katastrophe nichts mit. Die Medien suchten wie immer nach gut verkäuflichen Sensationen, berichteten zum zwanzigsten Mal über den Skandal bei Reviron Inc., oder beschäftigten sich mit immer neuen Theorien darüber, was wohl die Fledermäuse in New Braunfels zu ihrem ungewöhnlichen Verhalten bewegt haben könnte. Während die einen Wissenschaftler von Orientierungsverlust durch eine Verschiebung des terrestrischen Magnetfelds orakelten, glaubten die anderen ganz sicher zu sein, dass es sich um eine Störung der Echolot-Ortung durch akustische Umweltverschmutzung gehandelt haben müsse.

Die größten Schlagzeilen galten allerdings der Tatsache, dass der Hauptdarsteller einer weltweit beliebten Soap Opera beschlossen hatte, aus der Serie auszusteigen und in einer Neuverfilmung von *Frankenstein* die Rolle des Monsters zu übernehmen. »Ich will nicht mein Leben lang nur einfach ein hübsches Gesicht sein«, sagte er in einem viel zitierten Interview.

Überall gab es Anzeichen dafür, dass etwas Ungewöhnliches im Gang war. Aber um diese Anzeichen richtig zu deuten, hätte es feinere Antennen als die des Durchschnittsmenschen gebraucht. Tiere, die für Stimmungen sehr viel empfänglicher sind, hätten die atmosphärische Veränderung bestimmt bemerkt.

Die Berichte aus aller Welt wurden als amüsante Anekdoten konsumiert, gerade interessant genug, um die Spalten einer Zeitung oder die Sendezeit einer Tagesschau aufzufüllen. Meistens schafften es diese für die Menschheit eigentlich so bedeutsamen Informationen aber bestenfalls in Publikationen, die nur von einem kleinen, speziell interessierten Publikum zur Kenntnis genommen wurden.

So wurde beispielsweise in *Der Hundefreund* (Auflage 12 000) über die Tatsache berichtet, dass Angriffe von Hunden auf ihre Besitzer seit einigen Wochen stark zugenommen hatten. Am bemerkenswertesten erschien dem Autor des Artikels in diesem Zusammenhang die Tatsache, dass die plötzlich aggressiv gewordenen Tiere vorher ausnahmslos als besonders friedlich und treu gegolten hatten. Typisch dafür war ein Kommentar, den er an der Beerdigung einer alten Dame notiert hatte. Ihr Dackel, ein bewegungsfaules und wegen permanenter Überfütterung fettleibiges Tier, hatte seine Besitzerin im Schlaf überfallen (er schlief seit Jahren am Fußende des Bettes) und ihr die Kehle durchgebissen. »Es ist mir unerklärlich«, zitierte der Verfasser des Artikels eine Nachbarin. »Die beiden waren doch wie Mutter und Sohn.«

Diese Meldung wurde als kleine *human interest story* sogar von ein paar größeren Zeitungen übernommen, aber niemand konnte sich die plötzliche Veränderung des vorher so friedlichen Tieres erklären. »Er hat sie doch so geliebt«, sagte die zitierte Nachbarin, und damit hatte sie auch völlig recht. Was sie hätte hinzufügen müssen: Es war gerade diese Liebe gewesen, die den Dackel so aggressiv hatte handeln lassen. Aber für die Menschen, die den großen Schlachtplan der Tiere nicht kannten, war dieser Zusammenhang natürlich nicht zu erkennen.

Dieser Zusammenhang sah so aus: Der Hund, der nach seinem Überfall verschwand und nie mehr aufgefunden wurde, hatte nicht zugebissen, *obwohl,* sondern *weil* er seine Besitzerin so liebte. Seine Attacke war nicht etwa eine vorzeitige Kriegshandlung gewesen, sondern ein Beweis für die überaus enge emotionale Bindung, die sich zwischen einzelnen Exemplaren von *canis lupus* auf der einen und Homo sapiens auf der anderen Seite entwickeln konnte. Es war, auch wenn dieser Begriff für gewöhnlich nur in Bezug auf Tiere angewendet wird, ein Gnadentod gewesen. Da der Hund wusste, welches Schicksal seiner Besitzerin drohte, hatte er beschlossen, ihr das zu erwartende lange Leiden zu ersparen und sie als letzten Beweis seiner Anhänglichkeit lieber selbst zu töten. Ähnliche Fälle ereigneten sich auf der ganzen Welt.

Katzen, auch sie oft eng mit einzelnen Menschen verbundene Haustiere, zeigten in derselben Situation meist ein ganz anderes Verhalten. Weil sie wussten, dass sie es nicht aushalten würden, das Schicksal »ihrer« Menschen aus nächster Nähe mitzuerleben, liefen sie einfach davon.

Manche veränderten tierischen Verhaltensweisen wurden ausschließlich unter Fachleuten diskutiert und gelangten nicht ins Bewusstsein einer größeren Öffentlichkeit. So hatte ein Förster aus Estland im *Journal of Wildlife Management* berichtet, dass er in verschiedenen Revieren seines Waldes auf Verstecke mit Heu gestoßen sei, was er sich nur damit erklären konnte, dass die Rehe, die er in jedem Winter durchfütterte, angefangen hätten, Vorräte anzulegen. Da ein solches Verhalten bei dieser Spezies noch nie beobachtet worden war, waren die meisten Zoologen der Ansicht, dass der nicht wissenschaftlich ausgebildete Förster seine Beobachtung falsch gedeutet haben müsse, auch wenn sie selbst keine andere Erklärung dafür anzubieten hatten.

Der Förster hatte mit seiner Vermutung recht. Die Rehe – nicht nur die in den baltischen Staaten – hatten tatsächlich begonnen, in Höhlen und an anderen geeigneten Orten Vorräte anzulegen. Die Tiere wussten, dass ohne Menschen niemand mehr da sein würde, um ihnen durch die kalte Jahreszeit zu helfen. Also hatten sie angefangen, in dieser Hinsicht für sich selbst zu sorgen.

Auf Borneo fiel den Tierpflegern einer Aufzuchtstation für verwaiste Orang-Utans auf, dass diese Primaten die Gewohnheit angenommen hatten, Früchte – vor allem solche, die ihnen besonders gut schmeckten – nicht ganz aufzuessen, sondern einen Teil davon übrig zu lassen und ihn den Pflegern auffordernd hinzuhalten. Auch hier kam niemand auf den im Rückblick naheliegenden Gedanken, dass es sich dabei um die Geste eines freundlichen Abschiednehmens handeln könnte.

Es ließen sich noch eine ganze Reihe solch ungewöhnlicher Handlungsweisen aufzählen, aber natürlich betrafen sie nur einen winzig kleinen Teil aller Tiere, nämlich solche, die aus irgendeinem Grund in einen engeren und von ihnen positiv bewerteten Kontakt mit einzelnen Menschen gekommen waren. Für die überwiegende Mehrheit war Homo sapiens einfach ein Schädling, ein übermächtig gewordener Futterkonkurrent und ein viel zu zahlreich gewordener Zerstörer von Lebensräumen. Ohne die Menschen, da waren sich die Tiere einig, würde das Leben auf der Erde bedeutend angenehmer und vor allem sicherer werden.

Man war für den Angriff bereit, nur der Zeitpunkt dafür war noch nicht definitiv festgelegt. Das genaue Datum würde sich aus der meteorologischen Situation ergeben. Der Plan, ohne Generalstab oder Oberkommando entstanden, sah vor, dass sich die angestrebten Effekte am besten nach ein paar besonders heißen Tagen würden erreichen lassen.

Tiere, vor allem solche, die daran gewöhnt sind, auf Beute zu lauern, haben in der Regel Geduld. Und doch zeigten manche von ihnen in den letzten friedlichen Wochen eine gewisse Vorfreude – wenn der Begriff in Bezug auf Tiere auch ungenau ist – auf kommende Entwicklungen. Es ging dabei um einen Vorgeschmack auf die sehnsüchtig erwarteten angenehmen Zustände, mit denen nach dem Verschwinden von Homo sapiens zu rechnen war.

So wurde etwa aus der Kleinstadt Pemberton in Westaustralien gemeldet, dass in der Stadt eine ganze Gruppe von Roten Riesenkängurus beobachtet worden sei. Die Tiere, so beschrieb es die Besitzerin des Karri Forest Motel, hätten sich verhalten »wie Touristen, die an ihrem Ferienort angekommen sind und sich auf einem ersten gemächlichen Spaziergang ein Bild von den Attraktionen des Ortes machen wollen«. Sie hätten sich, ganz im Gegensatz zu ihrem gewöhnlichen Verhalten, von fotografierenden Gaffern überhaupt nicht stören lassen, sondern hätten – »ich kann es nicht anders nennen« – regelrecht für sie posiert. Zwei von ihnen seien sogar in das Motel eingedrungen, »als ob sie sich die Ausstattung unserer Zimmer ansehen wollten«.

Ähnliches wurde gleich aus mehreren chinesischen Städten berichtet, nur dass in den dortigen Erzählungen nicht von Kängurus, sondern von Kragenbären, Hanumanaffen und sogar Riesenpandas die Rede war. Es ist aber anzunehmen, dass es sich in diesen Fällen nur um Kopien der weltweit reportierten Geschichte aus Australien handelte, vielleicht in der Absicht, damit Touristen anzulocken. Im Gegensatz zum Bericht aus Pemberton war keine der Meldungen aus China mit Fotos belegt.

Die von den Menschen nicht bemerkte Anspannung unter den Tieren nahm im Lauf des Sommers also immer mehr zu. Trotzdem blieben sie diszipliniert und warteten ab. Es war allen klar, dass das richtige Datum zum Zuschlagen sich aus den äußeren Umständen ergeben musste. Und die waren am 5. Juli 2034 genau richtig.

Als Ort des ersten Angriffs war New York bestimmt worden. Diese Wahl hatte nichts mit einem wie auch immer gearteten Anti-Amerikanismus zu tun; nationalistische Überlegungen, die so oft das Verhalten der Menschen bestimmten, waren für Tiere nicht nachvollziehbar. Man hatte sich für gerade diese Stadt entschieden, weil sie – das war aus vielen Beobachtungen zu schließen – im Zentrum der Aufmerksamkeit von Homo sapiens stand. Was dort geschah, würde rund um den Globus zur Kenntnis genommen werden, und die Angst, die durch solche Berichte ausgelöst würde, war ein wichtiges Element in der tierischen Strategie. Andere Städte, nicht nur in Amerika, würden folgen.

2034 war eines der Jahre, wie sie durch die Klimaveränderung immer häufiger vorkamen. Am 23. Juni hatte eine Hitzewelle begonnen, die bis zum Ende des Monats unvermindert anhielt. Die hohen Temperaturen wirkten sich in der Asphalt- und Betonwüste der Großstadt besonders stark aus. Am frühen Nachmittag waren die Temperaturen am höchsten. Es wurden bis zu 48 Grad Celsius gemessen, und die Menschen waren entsprechend gestresst. Einen besseren Zeitpunkt, um mit minimalem Aufwand für größtmögliches Chaos zu sorgen, konnte es nicht geben.

Hausratte
Rattus rattus

Der erste Angriff des großen Krieges wurde von Ratten durchgeführt.

Sie orientierten sich an den Uhren, die sich überall fanden und ohne die die Menschen anscheinend nicht sein konnten, und so begann die Attacke in allen Vierteln der Stadt exakt um 15 Uhr.

In New York lebten damals rund zwei Millionen Ratten. Von den Menschen waren sie schon immer als Feinde betrachtet und mit allen Mitteln bekämpft worden. Es war also – auch wenn diese Überlegung in der tierischen Denkweise keinen Platz hatte – ein Akt poetischer Gerechtigkeit, wenn sie jetzt ihrerseits zum Angriff übergingen.

Der Schlachtplan, für den sich die gemeinsame tierische Intelligenz entschieden hatte, war einfach: Jedes erreichbare Kabel, ob es nur zu einer Stehleuchte führte oder, unter der Erde verlegt, einen ganzen Häuserblock versorgte, sollte angenagt und damit außer Betrieb gesetzt werden. Die zahlreichen Opfer durch Stromschläge, die sich dabei nicht vermeiden ließen, wurden in Kauf genommen. Ratten, die sich in der Nähe von Menschen angesiedelt hatten, waren es gewohnt, gefährlich zu leben.

Der Erfolg dieser Strategie zeigte sich schnell. Millionen

von Rattenzähnen verursachten so viele Kurzschlüsse, dass die Stromversorgung in New York City in kürzester Zeit zusammenbrach. Eine nützliche, das Chaos steigernde Nebenwirkung war eine ganze Reihe von kleineren und größeren Bränden. An 725 5th Avenue ging sogar ein ganzer Wolkenkratzer in Flammen auf, weil dort an den Sicherheitseinrichtungen gespart worden war.

Wegen des hohen Vernetzungsgrads des Stromsystems waren auch zahlreiche umliegende Städte von den Ausfällen betroffen, darunter ironischerweise die Stadt White Plains, wo die für die Stromversorgung des gesamten Gebiets zuständige New York Power Authority (NYPA) ihren Sitz hatte. Darüber hinaus traten durch den plötzlichen Spannungsabfall im gesamten nordamerikanischen Stromnetz und zum Teil sogar über die kanadische Grenze hinaus länger andauernde Störungen auf, konnten allerdings an den meisten Orten wieder behoben werden – zumindest vorübergehend.

Natürlich ging die Meldung von der Strompanne in der Metropole am Hudson um die Welt. In weiten Teilen Amerikas, wo die als überheblich empfundenen Bewohner New Yorks nicht beliebt waren, wurden sie mit einer gewissen Genugtuung aufgenommen.

Exakt vierundzwanzig Stunden später wurden weitere Städte nach demselben Prinzip angegriffen. Chicago, Los Angeles, San Francisco und Detroit kamen als Erste an die Reihe, denn auch hier lebten große Rattenpopulationen. Die Strategie erwies sich überall als wirksam.

Natürlich wurden vonseiten der Menschen alle möglichen Anstrengungen unternommen, um das System wieder betriebsfähig zu machen. Doch da die Ratten ihre Angriffe konsequent weiterführten, entstanden neue Schäden schneller, als die alten behoben werden konnten. Die elektrisch betriebene Uhr über dem Eingang zum Grand Central Terminal zeigte noch viele Jahre später – bis sie endgültig von Pflanzen überwuchert wurde – den genauen Zeitpunkt, nach dem es in New York City nie wieder Strom gab: 15:02 Uhr. Vom Überraschungsangriff bis zum Sieg in der ersten Schlacht hatte es gerade mal zwei Minuten gedauert.

In New York brach sehr schnell das Chaos aus. Bis daraus die angestrebte Panik entstand, dauerte es noch etwas länger, genau so, wie die Tiere es erwartet hatten. Obwohl sie die ihrer Meinung nach unlogische Denkweise von Homo sapiens nicht wirklich nachvollziehen konnten, waren sie doch mit ihr vertraut und hatten deshalb auch einen Aspekt mitbedacht, der gerade für New York Gültigkeit hatte: Die Bevölkerung war an Stromausfälle gewöhnt. Zwar hatte bisher noch keiner die ganze Metropole betroffen, aber der Zustand der chronisch unterfinanzierten städtischen Infrastruktur war schon immer erbärmlich gewesen, wofür sich der Bürgermeister und der Gouverneur, die verschiedenen Parteien angehörten, in jedem Wahlkampf gegenseitig verantwortlich machten. (Nach dem Stromausfall wollten sich beide mit einer aufmunternden Ansprache an die Bevölkerung richten, mussten aber feststellen, dass das technisch nicht mehr möglich war.)

Die ersten kleineren Ausbrüche von Panik beschränkten sich auf einzelne Bereiche. Besonders schnell entstanden sie in den Notfallstationen der Krankenhäuser, wo schon sehr bald die ersten Todesfälle zu verzeichnen waren, ohne dass Ärzte und Pflegepersonal etwas dagegen unternehmen konnten. Sämtliche lebenserhaltenden Maschinen, wie etwa Beatmungsgeräte, stellten mangels Stromzufuhr von einer Sekunde auf die andere ihren Dienst ein. Zwar sprangen die Notgeneratoren, die man im Hinblick auf genau solche Pannen installiert hatte, automatisch an, sie blieben aber wirkungslos, da der von ihnen erzeugte Strom die *intensive care units* nicht erreichte. Ihre Verbindungen zum Netz waren von den angreifenden Truppen selbstverständlich ebenfalls gekappt worden. Wo das nicht auf Anhieb gelungen war, wurde es bald nachgeholt.

Ebenfalls sehr schnell gerieten jene Menschen in Panik, die nach dem allgemeinen Stromausfall in Aufzügen feststeckten. Von diesen mehr als hunderttausend Personen – in New York waren rund siebzigtausend Aufzüge in Betrieb – konnten die wenigsten jemals wieder befreit werden. Die meisten starben an Hunger und Durst, obwohl auch etliche Herzinfarkte zu verzeichnen waren. Von den in Aufzugskabinen eingesperrten Menschen überlebte die puertoricanische Haushälterin Alondra Maria Salvadora Duarte am längsten. Sie war auf dem Heimweg vom wöchentlichen Einkauf, und die Bestellliste ihrer Arbeitgeberin war diesmal besonders lang gewesen. Vom Inhalt der beiden Kartons voller Lebensmittel und Getränke ernährte sich Frau Duarte mehr als drei Wochen lang.

Viele Leute, die in den Hochhäusern Manhattans arbeiteten, empfanden den Stromausfall zunächst nicht als Katastrophe. Für sie war es einfach einer der unangenehmen Zwischenfälle, die immer im störendsten Moment auftraten und einem den ganzen Tagesplan durcheinanderbrachten. Man ärgerte sich darüber, ohne die Panne als wirkliche Bedrohung zu empfinden. Wenn die Telefone vorübergehend nicht funktionierten, dachte man, könne so eine erzwungene Pause auch einmal ganz angenehm sein. Dank ihrer Akkus liefen die Computer ja erst mal weiter. Und bis siebzehn Uhr würden die Aufzüge wohl wieder funktionieren, sodass man rechtzeitig würde Feierabend machen können.

Aber um siebzehn Uhr funktionierten die Aufzüge immer noch nicht.

In den meisten Büros ließen sich die Fenster nicht öffnen, sodass es wegen des Ausfalls der Klimaanlagen bald unangenehm heiß wurde. Trotzdem harrten viele Angestellte noch Stunden an ihrem Arbeitsplatz aus, vor allem jene, die in den oberen Stockwerken beschäftigt waren. Einerseits wollten sie sich den endlosen Abstieg über die Treppen ersparen, andererseits gaben sie die Hoffnung nicht auf, die technische Panne werde doch irgendwann behoben. Natürlich hätten sie ihre Familien gern über die zu erwartende Verspätung und die dadurch notwendig gewordene Änderung gemeinsamer Pläne informiert, was aber nicht möglich war, weil nicht nur das Telefonnetz zusammengebrochen war, sondern auch das Internet nicht mehr funktionierte.

Aus menschlicher Sicht schien der anfängliche Optimismus sogar durchaus gerechtfertigt. Bisher war es der NYPA noch jedes Mal gelungen, die gar nicht so selten auftretenden Blackouts innerhalb mehr oder weniger nützlicher Frist wieder zu beheben. Man konnte also davon ausgehen, dass das auch diesmal wieder der Fall sein würde. Natürlich – in

New York konnte das gar nicht anders sein – wurde überall gegrummelt und geflucht, trotzdem blieb die Mehrheit der Bevölkerung zunächst friedlich.

Irgendwann gaben auch die unsportlichsten Büroangestellten die Hoffnung auf und machten sich zu Fuß auf den Weg. Nach einer abenteuerlichen, scheinbar endlosen Wanderung durch das dunkle Treppenhaus kamen sie erschöpft und verschwitzt im Erdgeschoss an, nur um festzustellen, dass die elektrisch betriebenen Eingangstüren verschlossen blieben. Aber auch wenn sie den mechanisch zu öffnenden Notausgang fanden, so konnten sie sich doch nicht auf den Heimweg machen, denn natürlich fuhren auch die U-Bahnen nicht mehr. Außerdem war es, weil die Ampeln nicht mehr funktionierten, im ganzen Stadtgebiet zu einem gewaltigen Verkehrsstau gekommen.

Der Heimweg in die Vorstädte, wo die meisten von ihnen wohnten, konnte also Stunden dauern, selbst für die wenigen, die das Glück hatten, ein Taxi zu ergattern. Sie mussten allerdings bereit sein, für die Fahrt einen Wucherpreis zu bezahlen. Angesichts des Notstands hatten die New Yorker Taxifahrer die behördlich verordneten Tarife auf eigene Faust verdoppelt oder sogar verdreifacht. Das war umso leichter möglich gewesen, als die auf ein funktionierendes Telefonnetz angewiesene Konkurrenz durch Uber oder Lyft weggefallen war.

Zahlreiche Menschen gaben den Versuch, nach Hause zu kommen, irgendwann ganz auf, suchten sich ein Hotel oder verbrachten die Nacht unter freiem Himmel, was gar nicht so unangenehm war. Die hohen Temperaturen waren dort leichter zu ertragen als in den Gebäuden ohne Klimaanlagen.

Diese »Obdachlosen« waren immer noch bedeutend besser dran als die Tausenden von Pendlern, die mit der U-Bahn in einem der vielen Tunnels stecken geblieben waren. Nachdem sich die Züge auch nach stundenlangem Warten nicht wieder in Bewegung setzten und auch keine Durchsage über die Ursache der Panne und deren mögliche Behebung informierte, versuchten viele Passagiere, zu Fuß zur nächsten Station zu gelangen. Sie mussten dabei die Erfahrung machen, dass ihre Mobiltelefone zwar über eine Taschenlampen-Funktion verfügten, dass aber die Akkulaufzeit für diese ungewohnte Beanspruchung nicht ausreichte. Es blieb ihnen nichts anderes übrig, als sich in der Dunkelheit den Tunnelwänden entlangzutasten, was zu ersten Panikausbrüchen führte.

Wer es trotz aller Schwierigkeiten bis nach Hause schaffte, musste bald feststellen, dass die Probleme damit nicht gelöst waren. Wie sollte man zu seinen *baked beans* kommen, wenn der elektrische Dosenöffner nicht funktionierte? Und wenn man es doch schaffte, wie sollte man den Inhalt aufwärmen? Wie in einer Küche ohne Licht einen Löffel finden? Dazu kam, dass im Tiefkühler die teuren Lebensmittel aufzutauen begannen, und – für manche Leute war das fast am ärgerlichsten – dass man ohne Fernseher auskommen musste.

Kein Mensch wusste, wie lang der allgemeine Stillstand noch andauern würde. Da auch am nächsten Tag kein Strom durch die Steckdose kam, war man von allen Informationen abgeschnitten. Aus Unsicherheit wurde Nervosität, aus Nervosität Aufregung. Bis zur allgemeinen Panik war es nicht mehr weit.

Guppy
Poecilia reticulata

Die erste Plünderung in New York wurde – wenn auch nur indirekt – durch den Tod von fünf Guppys (zwei rote, drei neonblaue) ausgelöst. Ihre Besitzerin, eine pensionierte Lehrerin namens Gretchen Dellinghouse, hatte nach einer ruhelos in ihrer dunklen Wohnung verbrachten Nacht die traurige Entdeckung machen müssen, dass sämtliche Zierfische in ihrem kleinen Aquarium verendet waren. Durch den Ausfall der Klimaanlage war die Wassertemperatur auf über dreißig Grad gestiegen, und weil die Luftpumpe ohne Strom nicht funktionierte, hatte das zu einem für die Tiere tödlichen Sauerstoffmangel geführt. Mrs. Dellinghouse, die keine Verwandten und nur wenige Freunde hatte, liebte ihre Zierfische über alles, und der Verlust brachte sie, auch weil sie in der Nacht kaum geschlafen hatte, an den Rand eines Nervenzusammenbruchs. Es brauchte deshalb nur noch einen Tropfen, um das Fass zum Überlaufen und die alte Dame zum Ausrasten zu bringen.

Der Zwischenfall ereignete sich am Vormittag des 6. Juli in einem kleinen *convenience store* am Frederick Douglass Boulevard in Harlem. Mrs. Dellinghouse hatte beschlossen, sich mit ihrem Lieblingslikör über den Tod ihrer Lieblinge hinwegzutrösten, und war, noch im Morgenmantel und in Hausschuhen, losgezogen, um eine Flasche Michter's Sour Mash zu besorgen. Als sie damit und noch mit einigen anderen Einkäufen an die Kasse kam, teilte ihr der koreanische Besitzer des Ladens, Mr. Jimin Gwang-jo, mit, dass er die Kreditkarte, die sie als einziges Zahlungsmittel eingesteckt hatte, leider nicht wie üblich akzeptieren könne, da das elektronische Zahlungssystem nicht funktioniere. Er bestand darauf, Verkäufe an diesem Tag nur gegen bar abzuwickeln. Das war der Moment, in dem Mrs. Dellinghouse, die in ihrem ganzen Leben noch nie mit dem Gesetz in Konflikt gekommen war, durchdrehte und versuchte, den Laden zu verlassen, ohne zu bezahlen.

Mr. Gwang-jo wollte ihr die Flasche entreißen. Dabei kam es zu einer Rangelei zwischen den beiden, in deren Verlauf die aufgebrachte Mrs. Dellinghouse immer wieder schrie: »Er will mir nichts verkaufen! Er will mir nichts verkaufen!« In der angespannten Situation hatte der Satz eine überraschende Wirkung. Andere Kunden, vom Stromausfall ebenso genervt wie die alte Dame, hatten plötzlich Angst, bei einem längeren Blackout verhungern zu müssen, und begannen, die Regale zu plündern. Mr. Gwang-jo versuchte sie daran zu hindern, musste aber bald jeden Widerstand aufgeben und sich mit gebrochener Nase von seiner Frau ins Krankenhaus begleiten lassen.

Ähnliche Szenen spielten sich in allen Stadtvierteln ab. Sie begannen, wie es in einem Zeitungskommentar hieß, als »Kurzschlusshandlungen im doppelten Wortsinn«, entwickelten sich aber bald zu organisierten Raubzügen. Nicht nur Menschen, die ohnehin zur Kriminalität neigten, profitierten von der Ausnahmesituation, dass die Alarmanlagen nicht funktionierten und dass wegen der ausgefallenen Telefon- und Funkverbindungen auch niemand die Polizei rufen konnte. Es dauerte nicht lang, bis auch sonst gesetzestreue Bürger dem menschlichen Herdentrieb nachgaben und sich den Plünderern anschlossen. Von den Raubzügen waren besonders häufig Geschäfte mit elektronischen Gerätschaften betroffen, obwohl sich die Beute angesichts des Stromausfalls gar nicht in Betrieb nehmen ließ. Aus der Sicht der Tiere war das ein weiterer Beweis für den Mangel an Logik im menschlichen Denken.

Die Unruhen arteten im Lauf des Tages immer mehr aus, und die Stimmung wurde zunehmend aggressiver. Der aufgestaute Ärger äußerte sich vor allem gegenüber Mitarbeitern der Power Authority, die man für das Chaos in der Stadt verantwortlich machte. Es bildeten sich regelrechte Lynchmobs, die sich auf die Jagd nach den vermeintlich Schuldigen machten. Der Chief Operating Officer der NYPA, ein erfahrener Ingenieur namens Evan Markovic, wurde von der aufgebrachten Menge so heftig verprügelt, dass er seinen Verletzungen noch an Ort und Stelle erlag. Außerdem kam es in der Krawallnacht vom 7. auf den 8. Juli zu zahlreichen Überfällen und Brandstiftungen, sowie auch zu einigen Morden. Nicht alle hatten direkt mit dem Stromausfall zu tun, aber er hatte ideale Bedingungen geschaffen, um sich persönlicher Feinde oder Mitglieder konkurrierender Gangs zu entledigen.

Die Ratten hatten diese Entwicklung als gute Menschenkenner vorausgesehen und warteten in aller Ruhe ab, bis die allgemeine Aufregung ihren Höhepunkt erreicht hatte.

Am Morgen des 8. Juli starteten sie dann die zweite Phase ihres Angriffsplans.

An diesem Morgen verkrochen sich die Ratten nicht, wie es sonst ihre Gewohnheit war, sondern traten im Gegenteil selbstbewusst und gut sichtbar auf, und zwar in größeren Verbänden. Hundert, zweihundert oder noch mehr Ratten marschierten in geschlossenen Pulks durch die Straßen, so eng nebeneinander, dass man von den Fenstern aus beim Anblick der pelzigen Rücken den Eindruck haben konnte, es handle sich nicht um einzelne Individuen, sondern um ein noch nie gesehenes riesiges Tier.

Sie beschränkten sich bei ihrer gezielten Provokation auch nicht auf die Straßen, sondern drangen in Häuser und Wohnungen ein. Mit sämtlichen unterirdischen Leitungskanälen und vielen anderen bei der Nahrungssuche erkundeten Zugängen wohlvertraut, gelang ihnen die Invasion auch dort, wo sich die Menschen in den eigenen vier Wänden verbarrikadiert hatten.

Obwohl die Tiere noch gar nicht mit direkten Angriffen begonnen hatten, war die Angst, die sie durch ihr Eindringen in Wohnungen und Läden auslösten, für sie schon sehr befriedigend. Zahlreiche Menschen sprangen auf der Flucht vor der tierischen Invasion aus den Fenstern und verletzten sich dabei schwer oder kamen sogar zu Tode.

Natürlich reagierten nicht alle Menschen ängstlich; manche versuchten auch, sich gegen die Ratten zu wehren. Aber gegen die Übermacht der angreifenden Truppen – mehr als eine Million Tiere waren insgesamt an der Aktion beteiligt – gab es keine wirksame Verteidigung. Die Erfahrung, die man in New Braunfels gemacht hatte, bestätigte sich:

Das einzelne Tier musste gar nicht kampfstark sein, weil die schiere Anzahl der Angreifer eine effiziente Gegenwehr unmöglich machte.

Wo überhaupt Widerstand geleistet wurde, brach er spätestens dann zusammen, als die Nager zu direkten Attacken auf einzelne, zufällig ausgewählte Menschen übergingen. Immer wieder stürmte ein Trupp Ratten auf eine Person zu, kletterte an deren Beinen hoch und setzte an allen unbedeckten Körperstellen die Nagezähne an. Die Taktik erwies sich als besonders wirksam, wenn die Angegriffenen zu zweit oder in Gruppen unterwegs waren, weil sich die Menschen dann gegenseitig mit Panik ansteckten.

Dass sich dieser Zustand so leicht hervorrufen ließ, dürfte auch daran gelegen haben, dass den Menschen die bedrohliche Situation vertraut vorkam, obwohl sie in dieser spezifischen Form noch nie aufgetreten war. Wenn sich eine solche Rattenattacke in der Wirklichkeit auch nie ereignet hatte, war schließlich ein solcher Überfall, so oder so ähnlich, schon in vielen Filmen vorgekommen. Nur dass im Kino jedes Mal rechtzeitig ein tollkühner Held oder ein genialer Wissenschaftler aufgetaucht war, um die Menschheit in einem dramatischen Endkampf vor ihren Feinden zu retten. Diesmal war es aber keine Hollywood-Story, sondern Realität.

Die Reaktion der Menschen war trotzdem dieselbe, wie wenn im Film King Kong oder Godzilla New York überfällt. Die Stadt hatte sich aus der Sicht ihrer Bewohner in ein Horrorkabinett verwandelt, das man so schnell wie möglich verlassen wollte. Und so machten sich bald Hunderttausende auf die Flucht, die meisten ohne ein bestimmtes Ziel.

Ein paar wenige, reaktionsschneller oder reicher als andere, taten das auf dem Wasserweg und machten sich in eigenen Booten oder auf gekaperten Fähren über den East River oder die New York Bay davon. Aber die meisten benutzten das eigene Automobil.

Von ihnen fuhren viele einfach los, ohne auch nur eine Zahnbürste mitzunehmen, andere packten ihre Wagen bis unters Dach mit oft sehr unvernünftig ausgesuchten Besitztümern voll. Die einen wie die anderen hatten es eilig, und die einen wie die anderen kamen in den verstopften Straßen nur langsam voran. Da auch die Zapfsäulen an den Tankstellen nicht funktionierten, kam es vor, dass Autos mangels Treibstoff stehen blieben und den Verkehr für alle anderen blockierten. Manche der so Gestrandeten versuchten dann in ihrer Verzweiflung, sich mit Waffengewalt ein anderes Fahrzeug zu beschaffen, was das Chaos noch steigerte.

Ein einmal ausgelöster Fluchtreflex kann sich erst dann beruhigen, wenn vom Angreifer über einen längeren Zeitraum nichts zu sehen ist und der Geflüchtete eine ruhige und unbedrohliche Umgebung erreicht hat. Die Ratten sorgten jedoch dafür, dass die Panik immer wieder neu entfacht wurde. Vor allem Cabrios, die wegen der Hitze mit offenem Verdeck in der Kolonne standen, eigneten sich gut dafür. Sie wurden gezielt von Rattenhorden überfallen, die über Kühler und Windschutzscheibe auf die Wagen kletterten und sich auf die Fahrgäste fallen ließen. Wenn diese dann das Auto verließen und schreiend davonliefen, hatte das den Nebeneffekt, dass der verlassene Wagen den Verkehrsstau und damit die allgemeine Aufregung noch verstärkte.

Zudem achteten die Ratten bei ihren Überfällen sorgfältig darauf, die flüchtenden Kolonnen zwar zu behindern, aber nicht dauerhaft zum Stillstand zu bringen. Das hätte einem der Hauptziele ihrer psychologischen Kriegsführung widersprochen: möglichst viele Menschen in die Flucht zu treiben, um damit vor der ganzen Welt den Beweis anzutreten, dass sie jede Stadt, sogar das mächtige New York, in kürzester Zeit unbewohnbar machen konnten.

Die Menschen, die es schafften, mit ihren Autos das Stadtgebiet zu verlassen, hielten sehnsüchtig Ausschau nach eingeschalteten Leuchtreklamen, also nach dem Beweis, dass sie endlich ein Gebiet erreicht hatten, in dem die Stromzufuhr noch oder wieder funktionierte.

Die Ersten von ihnen wurden auch gastfreundlich empfangen und betreut. Aber als ihnen immer mehr und noch mehr Vertriebene folgten, schlug die Stimmung bald in Ablehnung und sogar Feindschaft um. Man betrachtete sie immer weniger als bemitleidenswerte Emigranten, sondern immer mehr als Eindringlinge oder Invasoren, die die Läden leer kauften und den Anwohnern das letzte Benzin an den Tankstellen wegschnappten. Die Auseinandersetzungen eskalierten, und es kam bald zu ersten Schießereien.

Auch diese Entwicklung war im Plan der Tiere vorgesehen. Bei der großen Zahl auszurottender Exemplare von Homo sapiens konnte das Ziel nur erreicht werden, wenn die Menschen diese Aufgabe weitgehend selbst übernahmen.

Als besonders effektiv erwies sich die Strategie an der Westküste des Kontinents, was weniger auf charakterliche Unterschiede als auf einen höheren Bewaffnungsgrad zurückzuführen war. Aber die Tiere konnten ganz generell feststellen, dass die Taktik, die in New York so erfolgreich gewesen war, sich auch in allen anderen angegriffenen Städten bewährte.

Einen Sonderfall unter den angegriffenen Städten bildete die Hauptstadt Washington D. C.

Haushund
Canis lupus familiaris

Auch in seinem zweiten Jahr im Oval Office fühlte sich Präsident Bartholomew in der Rolle des Staatsoberhaupts immer noch unsicher. Er konnte sich einfach nicht an die Tatsache gewöhnen, dass die Wahl von 2032, die er innerlich schon verloren gegeben hatte, doch noch knapp zu seinen Gunsten ausgefallen war. Noch am Tag seiner Amtseinführung hatte er angefangen, über die Strategie für seine Wiederwahl nachzudenken, und auch als Hausherr im Weißen Haus betrachtete er immer noch jedes Ereignis unter dem vordringlichen Aspekt, ob es für seine Beliebtheit und damit für seinen Erfolg bei den Wählern nützlich oder schädlich sein könnte. Dabei verließ er sich nicht auf sein Bauchgefühl, sondern beschäftigte einen ganzen Stab von PR-Beratern unter Leitung des legendären Marktforschers Milan Svoboda.

Als Bartholomew damals beschlossen hatte, sich als Kandidat aufstellen zu lassen, war es keineswegs sicher gewesen, dass er auch nur die Vorwahlen seiner Partei gewinnen würde. Den entscheidenden Schub hatte seine Kampagne bekommen, als ihm Svoboda den dringenden Rat gegeben hatte, etwas gegen sein Image als technokratischer und gefühlskalter Politiker zu unternehmen. Anhand eines ganzen

Stapels von Umfrageergebnissen hatte er seinen Schützling, der damals im Beliebtheitsvergleich weit zurücklag, von dieser Notwendigkeit überzeugt. Als wirksamstes Mittel zur Steigerung der persönlichen Werte empfahl er die Anschaffung eines fotogenen Haustiers, und obwohl Bartholomew keine Tiere mochte – er war nicht nur in dieser Hinsicht tatsächlich gefühlskalt –, hatte er dem Vorschlag schließlich zugestimmt. Eine Katze kam nicht infrage, weil diese notorisch unzuverlässige Tierart keine Gewähr dafür bot, für Photo-Ops pünktlich zur Stelle zu sein. Bartholomew selbst hätte ein Aquarium mit Goldfischen bevorzugt, aber die Marktforschung zeigte deutlich, dass ihn das nicht nur alt, sondern, viel schlimmer, altmodisch hätte erscheinen lassen. Man entschied sich deshalb für einen Hund.

Die Wahl fiel nach langen Diskussionen auf einen Basset. Eine weitere Umfrage hatte ergeben, dass dessen durch die angeborenen Hängelider hervorgerufene treuherzige Blick vor allem bei älteren Tierfreundinnen Beschützerinstinkte auslöste, die sich auf den Besitzer des Hundes nur positiv auswirken konnten. Das hatte den Ausschlag gegeben, denn gerade bei der Gruppe der weiblichen Wähler hatte Bartholomew in allen Umfragen bestenfalls unterdurchschnittliche Werte erreicht.

Natürlich ließ sich im Nachhinein nicht exakt feststellen, ob der regelmäßig in Wahlkampfspots und bei Interviews präsentierte Basset für Bartholomews knappen Vorsprung im Electoral College tatsächlich entscheidend gewesen war, aber selbstverständlich wäre es undenkbar gewesen, das Tier nach erfolgter Wahl einfach wieder abzuschaffen, auch wenn das dem Präsidenten persönlich am liebsten gewesen wäre. Der Hund – auch der Name war das Ergebnis einer Marktstudie – hieß Oodles, und einer von Bartholomews Redenschreibern hatte den Kandidaten beim Besuch in einem Heim des Tierschutzvereins einmal sagen lassen, denselben Namen habe schon ein Meerschweinchen getragen, das er als kleiner Junge geschenkt bekommen habe. Die Namensgleichheit war eine Erfindung, aber das Meerschweinchen hatte tatsächlich existiert. Man musste in einer Wahlkampfrede ja nicht erwähnen, dass es damals mangels Pflege bald eingegangen war.

Oodles war kein anspruchsvolles und – zumindest bis zu der durch das Retrovirus verursachten großen Veränderung – auch kein besonders intelligentes Tier. Solang er nur genügend zu fressen bekam, ließ er sich vom POTUS widerstandslos hinter den Schlappohren kraulen oder sogar auf den Arm nehmen, obwohl er natürlich spürte, dass der Präsident seinem First Dog keine wirkliche Zuneigung entgegenbrachte.

Bartholomew hatte als kinderloser Witwer wenig Gelegenheit, sich als treusorgendes Familienoberhaupt zu präsentieren – eine Rolle, die sein demokratischer Gegenkandidat, der vielleicht auch noch ein zweites Mal antreten würde, sehr überzeugend verkörpert hatte. Deshalb bekam Oodles auf einstimmigen Wunsch der PR-Berater einen festen Platz im Oval Office zugewiesen. An Tagen, an denen mit Journalisten oder Fotografen zu rechnen war, wurde sein Körbchen dorthin verlegt. Oodles spielte die ihm zugedachte Statistenrolle überzeugend.

Er war deshalb auch im Zentrum des Geschehens, als die Ratten ihren Angriff auf Washington starteten.

Präsident Bartholomew sah nicht sehr gut, trug aber aus Imagegründen keine Brille. Deshalb legte er großen Wert darauf, dass das traditionsreiche Resolute Desk im Oval Office immer sehr hell ausgeleuchtet wurde. Als seine Schreibtischlampe am Tag des Angriffs plötzlich ausfiel, griff er automatisch zum Telefonhörer, um sich zu beschweren – nur um feststellen zu müssen, dass die Leitung tot war. Und das, obwohl doch sämtliche Kommunikationssysteme des Weißen Hauses mehrfach redundant angelegt waren und, wie man ihm beim Amtsantritt versichert hatte, auch unter erschwerten Bedingungen nicht ausfallen konnten. Und jetzt erreichte er noch nicht einmal die legendäre Telefonzentrale, die sich rühmte, innerhalb von fünf Minuten die Verbindung zu jedem gewünschten amerikanischen Bürger herstellen zu können, egal, ob dessen Name in einem Telefonverzeichnis aufgeführt war oder nicht.

Noch bevor sich der Präsident in einen seiner berüchtigten Wutausbrüche hineinsteigern konnte, kam sein Stabschef David L. Emerett ins Oval Office gestürzt und meldete den totalen Blackout, der nicht nur ganz Washington D. C., sondern auch das benachbarte Arlington und damit das Pentagon außer Gefecht gesetzt hatte. Ein solcher Totalausfall, das war Präsident Bartholomew nach den Ereignissen in New York und anderen Städten sofort klar, würde die Demokraten mit jeder Menge Wahlkampfmunition gegen ihn versorgen. Man würde ihm die Störung so persönlich zum Vorwurf machen, als ob er sämtliche elektrischen Einrichtungen Amerikas mit eigenen Händen installiert hätte.

»Wie lang dauert es, bis alles wieder funktioniert?«, wollte er wissen.

Sein Stabschef zuckte nur mit den Schultern, womit dessen Aussichten für eine weitere politische Karriere auf einen Schlag zerstört waren.

»Ratten?«, schrie Bartholomew. »Sie wollen ernsthaft behaupten, dass ein paar mickrige Ratten ...«

»Nicht ein paar, Sir«, antwortete Emerett. »Millionen. Genau so, wie es in New York auch angefangen hat.«

»Und woher kommen die?«

Es ist nie empfehlenswert, auf eine Frage des Präsidenten der Vereinigten Staaten nur hilflos die Arme auszubreiten. In diesem Fall löste die Geste einen Wutanfall aus, der, wie die meisten Wutanfälle des Präsidenten, mit dem Befehl endete: »Svoboda soll kommen, und zwar sofort!«

Natürlich wusste Bartholomew, dass auch sein oberster PR-Berater kein Wundermittel gegen die so plötzlich aufgetretene Rattenplage würde aus dem Ärmel schütteln können. Es ging ihm auch gar nicht um einen konkreten Aktionsplan – daran sollten sich gefälligst die Minister für Health and Human Services und Homeland Security die Finger verbrennen. Nein, dem Präsidenten ging es darum, eine drohende PR-Katastrophe abzuwenden. Wenn man gegen eine Sache kein Gegenmittel weiß – das war eine der ersten Regeln, die er als Politiker gelernt hatte –, muss man zumindest einen Sündenbock dafür finden.

Vor dem anschließenden Krisengespräch im Oval Office wurden alle Mitarbeiter des Weißen Hauses aus dem Raum verbannt, sogar Stabschef Emerett. Zurück blieben nur Präsident Bartholomew und Milan Svoboda.

Und Oodles.

»Ratten«, sagte Svoboda nachdenklich und machte dabei ein Gesicht, als habe er gerade Essig getrunken, »Ratten ist ein ganz schlechtes Wort. Nur negative Assoziationen. Rattenplage, Rattenrennen, Rattengift. Vielleicht sollten wir besser von großstädtischen Nagetieren sprechen. Oder von Proletariern der Tierwelt?«

»Ein anderes Wort macht die Sache auch nicht besser!« Wenn Bartholomew sich aufregte, kippte seine Stimme leicht ins Falsett, eine leidige Angewohnheit, die seine politischen Gegner gut kannten. In Fernsehdebatten reizten sie ihn gern, und seine dadurch ausgelösten Kiekser hatten ihn schon viele Beliebtheitspunkte gekostet.

»Oder wir finden ein passendes Adjektiv«, sinnierte Svoboda weiter vor sich hin. Er kratzte sich am Bart, den er gar nicht hatte. »Hinterhältige Ratten?«, probierte er aus. »Unamerikanische Ratten? Fremdgesteuerte Ratten?«

»Das ist gut«, sagte Bartholomew.

»Fremdgesteuert? Geht nicht leicht über die Zunge. Wir müssten eine einprägsamere Formulierung finden.«

»Nicht das Wort!« Die Stimme des Präsidenten überschlug sich schon wieder. »Der Gedanke dahinter! Jemand hat diese Ratten gegen uns aufgehetzt. Gegen das freiheitsliebende amerikanische Volk aufgehetzt!« Der Satz war während des Wahlkampfs so ähnlich in seiner Standardrede vorgekommen, und man rutscht leicht in alte Gewohnheiten zurück.

»Hmmm«, machte Svoboda und deutete damit an, dass der Gedanke, obwohl er nicht von ihm stammte, durchaus einer Überlegung wert war. »Aufgehetzt, sehr gut. Die Verhaltensänderung der Ratten hat keine natürlichen Ursachen, sondern ist von feindlichen Kräften gesteuert.«

»Aber wer …?« Bartholomew brach ab, weil das Licht im Oval Office wieder anging. Allerdings nur eine knappe Sekunde lang. Ein Gegenangriff der Haustechnik war erfolgreich abgewehrt worden.

»Wer könnte …?«

Die beiden gingen im Kopf die üblichen Verdächtigen durch. Die Kommunisten, die Freimaurer, die Juden. Keine dieser Gruppen erschien ihnen in diesem Zusammenhang wirklich überzeugend.

»Es müsste jemand sehr Fremdes sein«, dachte Svoboda weiter laut nach. »Jemand, den jeder Amerikaner als seinen natürlichen Feind betrachtet.«

»George Soros?«

»Ein Mann, der ganz allein Millionen von Ratten steuert? Das ist kein überzeugendes Bild. Nein, es müsste …«

An dieser Stelle wurden sie ein zweites Mal unterbrochen. Perkins, der Butler des Weißen Hauses, brachte eine Petroleumlaterne, die einmal in einer Ausstellung über die ersten amerikanischen Präsidenten als Requisit gedient hatte. »Ich dachte, Sir, weil es doch bald dunkel wird …«

»Hinaus!«, schrie Bartholomew. Perkins verschwand.

»Wo waren wir?«

»Ein Feind«, sagte Svoboda. »Wir brauchen einen überzeugenden Feind.«

»Die Russen?«, schlug Bartholomew vor. »Oder die Chinesen?«

Svoboda schüttelte den Kopf. »Dann müssten wir ihnen den Krieg erklären. Und Kriege fördern die Beliebtheit nur, wenn sie sehr schnell siegreich beendet werden.«

»Kuba?«

Sie kamen so schnell zu keinem Ergebnis, und ihr Gespräch wurde dann auch unterbrochen, weil Gerald F. Middleton, der Chairman der Joint Chiefs of Staff eingetroffen war. Er hatte sich von Arlington mit dem Helikopter über den Potomac fliegen lassen, weil es auch der Telefonzentrale des Pentagons nicht gelungen war, eine telefonische Verbindung herzustellen. Dann wurde auch noch die Bürgermeisterin von Washington D. C. gemeldet, und der Präsident musste sich um praktische Maßnahmen kümmern, statt über Schuldzuweisungen nachzudenken.

Hinterher war er froh darüber, dass niemand seine Diskussion mit Milan Svoboda mit angehört hatte.

Außer Oodles natürlich.

Wildschwein
Sus scrofa

Die Vertreibung der Bevölkerung aus den großen Städten erschien vielen Menschen als die schlimmste aller denkbaren zivilisatorischen Katastrophen. Dabei war sie nur die erste Stufe einer exakt geplanten Eskalation mit dem Ziel, Homo sapiens endgültig auszurotten.

Die nächste Stufe entwickelte sich organisch daraus und benötigte keinerlei zusätzlichen Input seitens der Tiere. Sie begann mit den immer handgreiflicher ausgetragenen Auseinandersetzungen zwischen der Landbevölkerung und den Großstädtern, die in den Dörfern und kleinen Städten Zuflucht gesucht hatten. Anfänglich waren die Abertausenden von Vertriebenen mit viel Hilfsbereitschaft empfangen worden. An vielen Orten waren sogar Unterstützungskomitees entstanden, mit dem Ziel, ihnen ihr schweres Schicksal zu erleichtern. Aber schon bald wurden dieselben Menschen, die man gerade noch in selbstloser Weise mit dem Nötigsten versorgt hatte, in den Augen ihrer Gastgeber zu unliebsamen Konkurrenten, vor allem, wenn es um die Verteilung der immer knapper werdenden Ressourcen ging.

Man konnte zu diesem Zeitpunkt noch nicht von einem eigentlichen Bürgerkrieg sprechen, obwohl viele Zeitungs- und Internetkommentare vor genau dieser Entwicklung warnten. Gerade ländliche Orte waren oft damit überfordert, größere Gruppen von Stadtflüchtlingen über längere Zeit in Gemeindesälen oder Turnhallen unterbringen und versorgen zu müssen, und wenn die traumatisierten Flüchtlinge dann auch noch Forderungen stellten, und sei es nur nach besseren Hygieneeinrichtungen, wurde ihnen das schnell als Undankbarkeit ausgelegt. Anfänglich ging man noch davon aus, die Situation würde sich bald normalisieren, aber als auch nach Wochen keine Rückkehr in die großen Städte möglich war, kam es zu immer deutlicheren Spannungen zwischen den alteingesessenen Bürgern und den Neuankömmlingen, die in Umkehrung der Umstände ihrer Flucht oft als Ratten bezeichnet wurden.

Nach den ersten meist noch verbalen Auseinandersetzungen zwischen *Oldies* und *Newbies* entwickelte sich sehr schnell ein Netzwerk von Organisationen, die sich für die Verteidigung der hergebrachten Lebensweise einsetzten und dieses Ziel mit zunehmend militanten Mitteln verfolgten. Auch ohne zentrale Organisation verstanden sich diese Gruppen als konstituierende Elemente einer landesweiten Bewegung, die unter dem Motto »Save Our Patrimony« (SOP) bestehende Strukturen zu erhalten und zu verteidigen suchte. Die Bewegung verfügte über kein ausformuliertes Programm, war aber eindeutig am politisch rechten Rand angesiedelt, insbesondere was ihre Tendenz zum bewaffneten Widerstand anbelangte. Ihre selbst ernannten Anführer beriefen sich dabei auf den zweiten Zusatzartikel der amerikanischen Verfassung, in dem es hieß: »Da eine wohlgeordnete Miliz für die Sicherheit eines freien Staates notwendig ist, darf das Recht des Volkes, Waffen zu besitzen und zu tragen, nicht beeinträchtigt werden.« Schon bald traf man sich nicht mehr zu Demonstrationen gegen die »Invasoren«, sondern zu regelrechten paramilitärischen Übungen.

Die erste blutige Auseinandersetzung in diesem Zusammenhang ereignete sich in dem kleinen Örtchen Scranton, N. Y. (Erie County), wo sich eine Gruppe von bewaffneten Anwohnern vor dem Eingang zu Gerrity's Supermarket versammelt hatte, um Nicht-Ortsansässige, die man nicht ganz zu Unrecht für die Lücken in der Versorgung verantwortlich machte, daran zu hindern, den Laden leer zu kaufen. Eine Lieferung von Avocados führte zunächst zu einer verbalen Auseinandersetzung, die sich schon bald zu einer Schießerei entwickelte, der zwei Männer und eine Frau zum Opfer fielen. Wer die Schützen gewesen waren, konnte von den Behörden nicht festgestellt werden, da alle befragten Augenzeugen zu Protokoll gaben, sie könnten sich an den genauen Ablauf des Geschehens leider nicht erinnern.

An anderen Orten fanden entsprechende Scharmützel zuerst nur vereinzelt statt, ihre Zahl stieg aber mit dem Beginn der nächsten Eskalationsstufe, die kurz vor der Erntezeit einsetzte, sprunghaft an. Zunächst wurden nur Läden mit Waffengewalt geplündert oder Lieferfahrzeuge überfallen und ausgeraubt, bevor sie ihre Bestimmungsorte erreichten, aber schon bald schossen die verfeindeten Gruppen aufeinander, und als dann die Große Hungersnot mit voller Wucht ausgebrochen war, kam es immer häufiger zu regelrechten Gefechten.

Diese Eskalationsstufe führte dazu, dass die Versorgung der menschlichen Bevölkerung weiter eingeschränkt wurde. Aus Mangel, so der Plan, sollte Hunger werden.

Um dieses strategische Ziel zu erreichen, verlagerten sich die neuen Angriffe aufs Land. Es ging darum, einen möglichst großen Teil der Ernte eines ganzen Jahres zu zerstören. In den USA bestand diese Ernte zum weitaus größten Teil aus Korn und Weizen.

(Der Angriff auf die Ernten und die dadurch ausgelöste Große Hungersnot beschränkte sich natürlich nicht auf die Vereinigten Staaten, sondern betraf alle Kontinente. Wenn hier vor allem die Ereignisse auf dem nordamerikanischen Kontinent geschildert werden, dann deshalb, weil sie für das Geschehen rund um den Erdball beispielhaft sind. Der Kampf wurde überall nach derselben Strategie geführt, wobei, je nach der Zusammensetzung der lokalen Fauna, verschiedene Tierarten die Angriffe anführten. Entsprechend richteten sich die Attacken auch nicht nur gegen Weizen- und Kornfelder, sondern betrafen – vor allem in Asien – auch die großen Reisanbaugebiete.)

In den USA wurde der Hauptangriff von einer Spezies geführt, die auf dem amerikanischen Kontinent überhaupt nicht heimisch war. Ausgerechnet dieser Gegner war von den Menschen selbst in Amerika eingeführt worden.

Schon die Pilgerväter hatten auf ihren Schiffen die ersten Hausschweine mitgebracht, und im 19. Jahrhundert wurden dann auch Wildschweine als Jagdobjekte importiert. Da es außer dem Menschen keine natürlichen Feinde für sie gab, vermehrten sich diese sehr schnell. Unterdessen wurde ihre Zahl auf mehrere Millionen geschätzt. Aus der Vermischung von Haus- und Wildschweinen war außerdem eine neue wild lebende Rasse entstanden, die nach ihren hochstehenden Rückenhaaren benannten *razorbacks*. Da in der freien

Wildbahn die bei Hausschweinen maßgebende Zuchtauswahl nach der Effizienz der Fleischproduktion keine Rolle spielte, hatten sich unter ihnen jene Eigenschaften durchgesetzt, die für die Selbstverteidigung und das Überleben in den Wäldern nützlich waren. Von den Wild- wie auch von den Hausschweinen unterschieden sie sich nicht nur durch einen athletischen Körperbau, sondern auch durch ihre Aggressivität. Wenn sie sich bedroht fühlten, konnten sie mit ihren großen Hauern auch auf Menschen losgehen.

Es wäre ungerecht, den Schweinen allein das Verdienst an der Großen Hungersnot zuzuschreiben. Sie wurden bei ihren Aktionen von anderen Tierarten wie Hirschen oder Elchen unterstützt, und auch seltenere Tiere wie Bisons und Schwarzbären reihten sich in ihre Verbände ein. Aber die Hauptlast der Aktion trugen die Wildschweine.

Ihre Angriffe konzentrierten sich auf die Bundesstaaten Ohio, Indiana, Illinois, Missouri, Iowa, Wisconsin, Minnesota, Nebraska und Kansas, den sogenannten Grain und Corn Belt. Die Angriffe waren exakt koordiniert und begannen überall gleichzeitig. Riesige Herden von Wildschweinen und anderen Tieren stürmten die Weizen- und Maisfelder, mit dem Ziel, dort den größtmöglichen Schaden anzurichten. Sie zertrampelten die erntereifen Felder so wirkungsvoll, dass schon am ersten Tag knapp fünf Millionen Hektar Anbaufläche und damit rund ein Siebtel des erwarteten Ertrags zerstört waren. Einige Weizenbauern versuchten noch, einen Teil der Ernte zu retten, aber die Wildschweine, an das Buddeln von Kuhlen gewöhnt, hatten vorsorglich so tiefe Gräben gegraben, dass die riesigen Erntemaschinen stecken blieben oder umstürzten.

Obwohl der Bewaffnungsgrad der Farmer traditionellerweise hoch war, scheiterte der Versuch, die Wildschweine zu dezimieren. Als die Regierung schließlich beschloss, Einheiten der Armee gegen die Horden einzusetzen, hatte das auf die Geschehnisse keinen großen Einfluss mehr, da bereits rund hundertachtzig Millionen Tonnen Weizen und knappe zweihundert Millionen Tonnen Mais vernichtet waren, was jeweils mehr als der Hälfte der erwarteten Ernte entsprach. In Europa, Asien und Australien bewegten sich die Verluste in vergleichbaren Größenordnungen.

(Der parallele Angriff von Maulwürfen und ähnlichen Tierarten auf die Kartoffelfelder in Idaho und anderen Bundesstaaten muss der Vollständigkeit halber natürlich auch erwähnt werden. Es kann aber nur am Rand geschehen, ohne damit die Leistung der beteiligten Tiere schmälern zu wollen. Auch die Zerstörung der Kartoffelernte leistete einen wichtigen Beitrag zur Auslösung der Großen Hungersnot, wobei die Marktmechanismen dieselben waren wie bei den anderen Grundnahrungsmitteln.)

Als Folge der historisch einmaligen Missernte stiegen die Preise für Kartoffeln, Getreide und Korn an der Terminbörse von Chicago und anderswo in vorher nie gesehene Höhen, auch weil viele Händler, die über entsprechende Vorräte verfügten, diese horteten, um die eigenen Gewinne zu steigern. Wo Weizen oder Korn physisch vorhanden war, ließen sich gigantische Profite einstreichen, während Futures nach zuerst steilen Kursanstiegen bald ihren Wert verloren, da die entsprechenden Lieferungen ausblieben. Ein großes Handelshaus nach dem anderen musste Konkurs anmelden, und die dadurch ausgelöste Panik beschränkte sich bald nicht mehr auf die Terminbörse, sondern erfasste auch alle anderen Indizes. Allein in der sogenannten Black Week fiel der Nasdaq um mehr als fünfzig Prozent.

Aber viel schlimmer als die Verwerfungen an den Börsen, die zunächst einmal vor allem jene Bevölkerungsgruppen betrafen, die sich entsprechende Investitionen überhaupt leisten konnten, waren die Auswirkungen auf den sogenannten »kleinen Mann«. Die plötzliche Verknappung der wichtigsten Grundnahrungsmittel und die dadurch ausgelösten Hamsterkäufe sorgten dafür, dass die Regale der Lebensmittelläden bald leer gefegt waren.

Der Brotpreis verdoppelte und verdreifachte sich innerhalb weniger Tage und ließ sich schon bald überhaupt nicht mehr ermitteln, weil Brot zu einem Luxusgut geworden war, das nur in Ausnahmefällen überhaupt noch angeboten wurde. Bei Fleischprodukten fielen die Preise zuerst sogar, weil viele Mäster den Futtermais nicht mehr bezahlen konnten und ihre Tiere vorzeitig in die Schlachthäuser brachten. Als dann aber der Nachschub ausblieb, kehrte sich dieser Trend natürlich um, und Fleisch war bald nur noch zu horrenden Preisen auf dem Schwarzmarkt erhältlich.

In den historisch armen Ländern wurde diese Entwicklung anfänglich besser bewältigt als in den reichen Staaten. Es dauerte mehrere Wochen, bis es auch dort zu Hungermärschen und Volksaufständen kam. In den USA wirkte sich die plötzlich eingetretene Hungersnot sehr viel schneller und dramatischer aus.

Kanadischer Biber
Castor canadensis

So wie die Tiere in den letzten paar Jahrtausenden die Menschen kennengelernt hatten, war nicht zu erwarten, dass diese auf die Angriffe in vernünftiger und organisierter Form reagieren würden. Aber bei der sprunghaften und nicht immer den Gesetzen der Logik folgenden Wesensart von Homo sapiens war selbst eine richtige Reaktion nicht ganz auszuschließen. Die sinnvollste Gegenmaßnahme vonseiten der Menschen wäre es gewesen, die plötzlich zur Mangelware gewordenen Lebensmittelvorräte gerecht unter der Bevölkerung zu verteilen, was bei dem artentypischen Egoismus allerdings sehr überraschend gewesen wäre. Aber für den unwahrscheinlichen Fall, dass jemand auf diese offensichtliche Lösung kommen und es auch schaffen würde, einen entsprechenden Vorschlag durchzusetzen, hatten die Tiere eine Gegenaktion vorbereitet. Sie bestand darin, möglichst viele Transportrouten entweder zu stören oder ganz außer Betrieb zu setzen.

Für die Verkehrswege auf dem Festland übernahmen bei dieser Aufgabe die Biber die Führung. Sie waren, nachdem sie schon von der Ausrottung bedroht gewesen waren (was die Menschen auf Listen vermerkten, ohne etwas dagegen zu unternehmen), in den letzten Jahren wieder zahlreicher geworden und verfügten vom Bau ihrer Wasserburgen her über die Fähigkeit, mit geringem Aufwand die größtmögliche Wirkung zu erzielen. Bald waren im ganzen Land strategisch ausgewählte Straßen und Eisenbahnlinien von umgestürzten Bäumen blockiert, was den nützlichen Nebeneffekt hatte, dass dabei auch zahlreiche Stromleitungen zerstört wurden.

Es dauerte oft mehrere Tage, bis diese Hindernisse vollständig entfernt werden konnten, und an vielen Stellen bildeten sich deshalb lange Kolonnen von gestrandeten LKWs. Diese wiederum wurden leichte Beute für marodierende Banden, die meistens aus den bewaffneten Milizen der SOP-Bewegung hervorgegangen waren. Von der Verteidigung der eigenen Habe war es für diese Milizionäre nur ein kleiner Schritt zur Aneignung fremder Besitztümer gewesen, vor allem, da man auch solche Überfälle mit dem Slogan »Save Our Patrimony« rechtfertigen konnte. Im Rechtfertigen eigener Taten waren die Menschen schon immer allen anderen Arten überlegen gewesen.

Schon bald drohten die Fernfahrer mit einem landesweiten Streik, auf den sie nur verzichten wollten, wenn in Zukunft jeder Transport von einer militärischen Eskorte begleitet würde. Die Regelung wurde auch eingeführt, erwies sich aber als wenig wirksam. Das hatte nicht nur mit dem Zerfall zentraler Kommandostrukturen zu tun, sondern war in vielen Fällen kontraproduktiv, weil die Soldaten während solcher Einsätze oft desertierten und ihre Ausrüstung dazu verwendeten, ihrerseits zu Plünderern zu werden.

Aber auch jene Fernfahrer, die das Glück hatten, während solcher Blockaden von niemandem überfallen und ausgeraubt zu werden, erreichten ihr Ziel nur selten. Die stehenden Kolonnen wurden nämlich nicht nur von menschlichen, sondern auch von tierischen Stoßtrupps angegriffen, wobei je nach Region ganz verschiedene Tierarten zum Einsatz kamen. Sie alle hatten, jede auf ihre Weise, eine Eigenschaft gemeinsam: Sie lösten bei den attackierten Menschen Angst und Schrecken aus. In Kalifornien wurde diese Aufgabe beispielsweise von Berglöwen übernommen, in Alaska von Grizzlybären und in Florida von Alligatoren. Sie alle hatten die Aufgabe, die Fahrer aus ihren LKWs zu vertreiben und dafür zu sorgen, dass die durch Blockaden entstandenen Staus kaum mehr aufzulösen waren. Besonders wirksam war diese Taktik, wenn Marder und verwandte Tierarten an den gestrandeten Lastern auch noch die Bremsleitungen zerstörten.

Damit war der Verkehr über Land weitgehend ausgeschaltet. Aber mit den Angriffen auf Straßen und Schienen hatten die Tiere eine weitere Kampagne gestartet, die die Blockade des Luftverkehrs zum Ziel hatte. In Amerika wurden die entsprechenden Kriegshandlungen hauptsächlich von Staren durchgeführt.

Auch in diesem Fall war eine gewisse Ironie mit im Spiel, denn die Stare waren in den USA so wenig heimisch wie die Wildschweine. Erst im Herbst 1890 hatte ein Apotheker namens Eugene Schieffelin sechzig von ihnen im New Yorker Central Park ausgesetzt, weil er sich aus irgendeinem Grund in den Kopf gesetzt hatte, sämtliche rund sechshundert Vogelarten, die in Shakespeares Werken erwähnt werden, müssten auch in Amerika vorkommen. Die Stare hatten sich schnell vermehrt und sich in allen Bundesstaaten so schnell millionenfach verbreitet, dass sie aus Sicht der Menschen zu einer eigentlichen Landplage geworden waren.

Weil sie in großen Schwärmen ganze Plantagen leer fraßen und mit ihrem stark säurehaltigen Kot Fassaden beschädigten, waren sie vom Landwirtschaftsministerium offiziell als Schädlinge eingestuft worden, und man hatte für den Kampf gegen sie ein eigenes Vogelgift namens DRC-1339 entwickelt, das bei den betroffenen Vögeln ein schmerzhaftes Organversagen zur Folge hatte. Jedes Jahr wurden so im Auftrag der Regierung rund zwei Millionen Stare getötet. Jetzt hatten diese Tiere endlich die Gelegenheit, sich für diesen Massenmord zu rächen. Und dies, wie bereits erwähnt, obwohl Rache keine Emotion ist, die der tierischen Denkweise entspricht. Auch der Beschluss, die Menschen auszurotten, war ja nicht aus Gründen einer wie auch immer verstandenen Vergeltung, sondern ausschließlich im übergeordneten Interesse des Naturschutzes gefasst worden.

Wie schon beim landesweiten Stromnetz zeigte sich auch beim internationalen Flugverkehr, dass sich technisch hochgerüstete menschliche Systeme wegen ihrer Komplexität leicht lahmlegen ließen. Als Vorbild diente ein Ereignis aus dem Jahr 1960. Über dem Logan Airport von Boston war damals eine Lockheed L-188 (Eastern Air Lines Flight 375) abgestürzt, weil mehrere Stare in die Triebwerke des Flugzeugs geraten waren. Seither galt rund um die Welt die strenge Regel, dass Starts und Landungen sofort eingestellt werden mussten, wenn sich ein Vogelschwarm über einem Flugplatz befand.

Bisher war es meistens gelungen, solche Schwärme mit

akustischen Mitteln, zum Beispiel durch über Lautsprecher eingespielte Eulenrufe, oder durch den Einsatz von Falkenattrappen zu vertreiben. Durch die gesteigerte Intelligenz der Vögel verloren diese Methoden ihre Wirksamkeit.

Über sämtlichen Flughäfen kreisten bald große Schwärme von Staren, die sämtliche Formen von Flugbewegungen verunmöglichten. Wenn doch einmal ein Flugzeug zu starten versuchte, ließen sich so viele Vögel von den Triebwerken ansaugen, dass sich ein Absturz nicht vermeiden ließ. Die Anzahl der auf diese Weise ums Leben gekommenen Stare betrug nur einen winzigen Bruchteil der jährlichen Giftopfer.

Auch auf den anderen Kontinenten wurden die Flughäfen blockiert, wobei je nach Standort die lokal häufigsten Vogelarten eingesetzt wurden. So kreisten in Europa vor allem Haussperlinge und Kohlmeisen über den Start- und Landebahnen, während in Afrika meist Blutschnabelweber diese Funktion übernahmen.

Sowohl der nationale wie auch der internationale Flugverkehr wurden auf diese Weise komplett lahmgelegt. Für Reisende wie auch für die im Zusammenhang mit der Großen Hungersnot viel wichtigeren Warentransporte war es nicht mehr möglich, auf dem Luftweg an einen anderen Ort zu gelangen.

Nachdem damit LKW, Zug und Flugzeug ausgeschaltet waren, blieb als Transportmittel für längere Strecken nur noch das Schiff übrig. Auch hier waren die Tiere vorbereitet, und auch bei diesem Teil der Kampagne kam die Ironie zum Tragen, dass die Menschen die Mittel zu ihrer Vernichtung selbst bereitstellten. Die Tiere machten sich nämlich die Tatsache zunutze, dass überall in den Ozeanen kilometerlange Treibnetze als Mordmaschinen eingesetzt wurden.

Mit ihrer gesteigerten Intelligenz fiel es den Meeresbewohnern nicht schwer, diesen Netzen nicht nur auszuweichen, sondern sie auch in handliche – oder in diesem Fall: flossengerechte – Stücke zu zerlegen. Diese wurden dann von Tümmlern und Delfinen so platziert, dass die Schiffsschrauben sich darin verwickelten und blockiert wurden. Diese Aktionen nah an den riesigen sich drehenden Propellern waren lebensgefährlich und verlangten von den Angreifern höchste Präzision. Unter Menschen wäre die erfolgreiche Bewältigung dieser Aufgabe mit Orden und Beförderungen belohnt worden, aber Tieren sind Auszeichnungen dieser Art fremd.

Die solcherart aufgehaltenen Schiffe ließen sich nicht mehr steuern, und eine Reparatur auf offenem Meer war praktisch unmöglich. Besatzungsmitglieder, die es trotzdem versuchten und sich mit oder ohne Taucherausrüstung ins Wasser wagten, wurden durch angreifende Raubfische sehr schnell von ihrem Vorhaben abgebracht. Die manövrierunfähigen Schiffe waren Wind und Wellen hilflos ausgesetzt, und etliche von ihnen, die der Kollision mit Riffen oder anderen Hindernissen nicht hatten ausweichen können, landeten als Wracks auf dem Meeresboden.

Bei der Unzahl von Schiffen, die auf den Ozeanen unterwegs waren, schien es jedoch aussichtslos, sie alle außer Betrieb setzen zu wollen. Die Tiere konzentrierten ihre Aktionen deshalb auf die größten Containerschiffe, durch deren Ausfall der internationale Warenverkehr am wirksamsten gestört wurde. Außerdem griffen sie die Symphony of the

Seas an, nicht weil es sich bei ihr um das weltweit größte Kreuzfahrtschiff handelte, sondern weil Berichte über ihren Untergang die Menschen zusätzlich demoralisieren und damit der allgemeinen Panik Vorschub leisten würden.

Das Besondere an der Symphony: Sie war von einer Gruppe reicher Leute gechartert worden, die hofften, durch den Aufenthalt an Bord den allgemeinen Unruhen, die sie für zeitlich begrenzt hielten, entkommen zu können. Das Schiff war mit Vorräten für mehrere Wochen ausgestattet und verfügte über alle Annehmlichkeiten. Unter den rund dreitausend Passagieren (etwa halb so viele, wie auf dem Schiff Platz gehabt hätten) waren nicht nur viele bekannte Namen aus der Geschäftswelt, sondern auch etliche, die man aus Hollywoodfilmen oder den vorderen Plätzen der Hitparade kannte.

Die Tiere stoppten das Schiff vor Antigua und mussten dann nur noch abwarten, bis es vom Wind gegen die oft fotografierten Klippen getrieben wurde und kenterte. Der Bericht vom Untergang der Symphony war eine der letzten Sensationsgeschichten, die sich weltweit verbreiteten. Danach wurden die Informationskanäle immer lokaler, und die Menschheit zerfiel parallel dazu in immer kleinere Gruppen, die nicht nur nicht miteinander kommunizieren wollten oder konnten, sondern sich auch gegenseitig bekämpften. In ihrem angeborenen Drang, neue Territorien zu erobern, führten sie untereinander Krieg, nahmen aber auch keinerlei Rücksicht auf andere Lebewesen. Jetzt kehrte sich diese Entwicklung um, und die Anzahl der menschlichen Individuen begann noch schneller zu sinken, als sie in den letzten Jahrhunderten angestiegen war.

Triage

Aus den ersten, noch eher als nur lästig empfundenen weltweiten Versorgungsengpässen wurde sehr schnell eine allgemeine Hungersnot, die in kürzester Zeit sämtliche Kontinente erfasste. Die einzige Ausnahme bildeten ein paar abgelegene Pazifikinseln, die sich, weil Importe gar nicht bezahlbar gewesen wären, schon immer auf Subsistenzwirtschaft (hauptsächlich Fischfang) beschränkt hatten. Auch der Ausfall des Internets und anderer Kommunikationsmittel wurde dort kaum bemerkt. Die lokalen Systeme waren schon immer störungsanfällig gewesen, und man war daran gewöhnt, von der mehrere hundert Meilen entfernten Hauptstadt ignoriert zu werden.

Als ein Rettungsboot mit Überlebenden eines untergegangenen Öltankers an den Strand einer der Inseln getrieben wurde, hielt man deren Berichte über die weltweite Katastrophe für Fieberfantasien und versuchte, den Schiffbrüchigen ihre Schreckensvisionen mit schamanistischen Ritualen auszutreiben. Die Matrosen beharrten aber trotz aller Bemühungen auf ihren Erzählungen. Da man in dieser Kultur geistige Verwirrung für ansteckend hielt, stattete man ihr Boot mit Vorräten für mehrere Wochen aus und schleppte es wieder aufs Meer hinaus, mit der Warnung an die Besatzung, auf keinen Fall noch einmal eine Landung zu versuchen, da man sie, wenn auch schweren Herzens, sonst im Interesse der Volksgesundheit umbringen müsse. Die Matrosen trieben tagelang übers Meer, ohne irgendwo Festland zu erreichen, bis sie einer nach dem anderen verdursteten.

Rund um den Erdball ereigneten sich zahlreiche ähnliche Episoden mit eher anekdotischem Charakter. Sie alle endeten nur selten damit, dass Flüchtlinge aus fremden Kulturen – oder auch nur anderen Landesteilen – von der lokalen Gemeinschaft aufgenommen wurden. Unabhängig von den jeweiligen lokalen Traditionen machte die Konkurrenz um die knapper werdenden Nahrungsmittel aus jedem Fremden einen Feind.

Zunächst gewährte man Menschen, die nicht zu einem wie auch immer definierten »uns« gehörten, einfach keinen Einlass, ließ sie vor verschlossenen Türen stehen oder blockierte den Zugang an willkürlich gezogenen Grenzen, aber schon bald ging man dazu über, solche »Schmarotzer« aktiv zu bekämpfen. Im Bewusstsein der Mehrheit waren die Flüchtlinge zu Invasoren geworden, zu deren Abwehr jedes Mittel erlaubt war. Dieses Vorgehen hatte für die Abwehrenden einen doppelten Vorteil: Einerseits wurde dadurch die Anzahl der Menschen, mit denen man sich die letzten Vorräte teilen musste, reduziert, andererseits vermittelten die immer blutiger werdenden Abwehrkämpfe das angenehme, wenn auch trügerische Gefühl, etwas gegen eine Notsituation unternommen zu haben, gegen die man in Wirklichkeit nichts unternehmen konnte. Es fehlte schließlich nicht nur überall an Nahrung, es gab auch keine zentrale Autorität mehr, an die man sich mit der Bitte oder Forderung um Hilfe hätte wenden können.

Über alle Kontinente hinweg, von Neuseeland bis zur Arktis, erwiesen sich die scheinbar so festgefügten menschlichen Gesellschaften als äußerst störanfällig, und zwar unabhängig von der Art ihrer politischen oder sozialen Organisation. Wenn sie bisher für alle ihre Mitglieder mehr oder weniger funktioniert hatten, und das galt ohnehin nur für einen relativ kleinen Teil der Erdbevölkerung, war die Voraussetzung dafür ein sehr hoher Grad von Vernetzung gewesen. Gesellschaften, die sich selbst als erfolgreich betrachteten, hatten dieses Ziel meist auf der Basis zunehmender Spezialisierung erreicht. Man stellte die besten Maschinen her, betrieb den Anbau von Getreide am effizientesten oder verlangte – ein Modell, das sich vor allem für kleinere Staaten anbot – von internationalen Firmen die niedrigsten Steuern. Alle anderen Elemente des täglichen Bedarfs bezog man aus Regionen, die sie kostengünstiger produzieren konnten.

Dieses System hatte so lang funktioniert, als die Verkehrs- und Warenströme zwischen den Staaten (und innerhalb der Staaten) ungehindert flossen. Nachdem die Tiere diese Verbindungen ein für alle Mal gekappt hatten, geriet das komplizierte System aus dem Gleichgewicht, und aus *just in time* wurde zuerst *perhaps* und dann *never.* Sowohl der Konsum wie auch die Produktion kamen zum Erliegen.

Jetzt bekamen die Menschen zu spüren, was die Tiere vor ihnen erkannt und was sie zu ihrer Kriegserklärung veranlasst hatte: Es gab schlicht zu viele Menschen auf der Welt, auf jeden Fall bedeutend mehr, als der Planet nachhaltig ernähren konnte – zumindest, wenn auch für andere Lebewesen genügend Ressourcen übrig bleiben sollten. Deren

Anzahl ging seit Beginn des Anthropozäns in bedrohlicher Weise zurück, während das Bevölkerungswachstum von Homo sapiens explodiert war.

Bis zum Eingreifen der Tiere hatten die Menschen sich von den Auswirkungen des gestörten biologischen Gleichgewichts auf dem Planeten abgeschottet oder sie – mit Ausnahme einzelner kleiner und wirkungsloser Gruppen von Naturschützern – einfach nicht zur Kenntnis genommen. Der längst überwunden geglaubte tägliche Kampf ums Überleben musste nun von den Menschen wieder in Angriff genommen werden.

Die Anzahl Verhungerter stieg überall so rasant an, dass bald Bestattungen auch in Massengräbern nicht mehr möglich waren. Es war auch kein Benzin mehr vorhanden, um die Maschinen zum Aushub der entsprechenden Gruben zu betreiben. Derselbe Mangel an Brennstoffen verhinderte auch Kremationen im größeren Stil. Die Notlösungen, für die man sich schließlich entscheiden musste, waren nicht erfreulich und trugen ihren Teil zur allgemeinen Demoralisierung bei.

Die Probleme waren in allen Ländern dieselben, aber ihre Auswirkungen konnten je nach Kultur sehr verschieden sein. Während der Kampf gegen als »fremd« empfundene Mitmenschen ein generelles Phänomen war, zeigten sich große Unterschiede in der Verteilung der Todesfälle auf verschiedene Untergruppen.

In einer soziologischen Arbeit, die in einer frühen Phase der Hungersnot entstand, wurde die Verteilung der Todesfälle auf die Alterskohorten statistisch erfasst. (Dass sich die Reichen und Mächtigen im Überlebenskampf Vorteile zu verschaffen wussten, war keine Überraschung und bedurfte keiner wissenschaftlichen Untersuchung. Es gab in diesem Punkt auch keine großen Unterschiede zwischen den verschiedenen Gesellschaften.) Die Auswirkungen des Lebensmittelmangels auf die älteren Mitbürger unterschieden sich von Land zu Land signifikant, was die Autoren der Studie darauf zurückführten, dass das Verhalten gegenüber Senioren sehr stark von lokalen Traditionen bestimmt wurde. Eine Analyse der Sterbetafeln zeigte eindeutig, dass in den asiatischen und, wenn auch in geringerem Umfang, in den meisten europäischen Staaten sehr viel weniger Senioren verhungerten als in den USA. Die Studie kam zum Schluss, dass das bessere Resultat in Asien weitgehend auf die dort tief verwurzelte Ahnenverehrung zurückzuführen war, aus der sich eine selbstverständliche Fürsorgepflicht für die Erzeugergeneration ableitete.

In Europa wurde diese Verpflichtung weniger stark empfunden, da alte Leute hier vor allem als Wählergruppe von Bedeutung waren, die man im Hinblick auf die eigene Wählbarkeit unterstützen und betreuen musste. (Die Studie wurde vor dem allgemeinen Zusammenbruch der staatlichen Ordnungen verfasst. Später, als das Zusammenleben in allen Gesellschaften zu einem Kampf aller gegen alle geworden war, nivellierten sich die Unterschiede, wurden aber nicht mehr wissenschaftlich erfasst.)

In Amerika hingegen spielten nichtkommerzielle Aspekte bei der Betreuung von Senioren nur eine marginale Rolle. Die Heime, in die sie, spätestens wenn sie Pflege benötigten, abgeschoben wurden, funktionierten zum größten Teil nach rein wirtschaftlichen Kriterien, was bedeutete: Die Bedürfnisse der Bewohner wurden primär als Kostenfaktoren betrachtet, die es so weit wie irgend möglich zu minimieren galt. Natürlich gab es entsprechend der wirtschaftlichen Leistungskraft der Heiminsassen Unterschiede in der Qualität der Betreuung, was aber an den ökonomischen Grundmechanismen nichts änderte.

Als die Preise für Grundnahrungsmittel ein Mehrfaches des langjährigen Durchschnitts erreicht hatten, wurde nach betriebswirtschaftlichen Prinzipien schnell offensichtlich, dass sich eine Versorgung der Heiminsassen auch auf niedrigstem Niveau einfach nicht mehr rechnete. Um ihrer gesellschaftlichen Verantwortung, also der Verantwortung gegenüber ihren Aktionären, gerecht zu werden, zogen vor allem die großen Unternehmen, die ganze Ketten von Altersheimen betrieben, aus dieser Erkenntnis die Konsequenzen und meldeten Insolvenz nach Chapter 11 an. Das war für sie – neben ein paar nicht ganz legalen Methoden – die einzige Möglichkeit, möglichst viel von ihren finanziellen Reserven zu retten. Viele stellten den Betrieb ihrer Einrichtungen auch ohne Ankündigung einfach ein.

In all diesen Fällen wurde das Pflegepersonal von einem Tag auf den anderen nicht mehr bezahlt oder erhielt dort, wo der Anstellungsvertrag erhalten blieb, nur die alten, an die enorme Teuerung nicht angepassten Löhne, von denen man in der neuen Situation nicht mehr leben konnte. Auch ohne gewerkschaftliche Organisation kam es deshalb zu einem landesweiten Walkout der Pflegekräfte, mit der Folge, dass die vorher von ihnen betreuten Bewohner der Heime sich selbst überlassen blieben, was die meisten von ihnen nicht lang überlebten.

Bei einem kleinen Teil der alten Leute versuchten Familienangehörige, die Pfleger durch eigenen Einsatz zu ersetzen, was allerdings bestenfalls eine vorübergehende Verbesserung der Situation bedeutete. Als die Hungersnot ihren Höhepunkt erreichte, war in den Familien trotz bester Vorsätze eine Triage nicht mehr zu vermeiden, und man musste seine Anstrengungen wohl oder übel auf die Angehörigen mit den größten Überlebenschancen konzentrieren. In manchen Familien wurden die entsprechenden Beschlüsse nach langen und schmerzhaften Diskussionen gefasst, während sich in den meisten Fällen einfach das Recht des Stärkeren durchsetzte.

Das Verhalten gegenüber den schwächsten Mitgliedern der Gesellschaft war nur ein Beispiel dafür, dass die oft gepriesene »Menschlichkeit« ein irreführender Begriff war, der den angeborenen Reflexen des Homo sapiens nicht entsprach.

Homo homini homo

In China geschah das Aussortieren der Senioren nicht so formlos wie in den meisten westlichen Staaten, was auch damit zu tun hatte, dass die Zentralregierung die Notwendigkeit sah, ihre schwindende Autorität durch wirkungsvolle Aktionen zu stärken. Als der Mangel an Lebensmitteln, vor allem an Reis, zu immer größeren Unruhen in den Provinzen führte, verkündete man in Beijing den Beginn einer großen ideologischen Kampagne unter dem Motto »Das Alter ehren, die Jugend nicht vergessen«. Sie war nach dem Vorbild der von Mao Tse-Tung angeordneten Ein-Kind-Kampagne von 1980 gestaltet und hatte wie diese die Aufgabe, eine Zunahme der Bevölkerung zu verhindern und die Zahl der von der Gemeinschaft zu ernährenden Personen möglichst zu senken.

Gemäß der Verlautbarung des Zentralkomitees der KPCH sollten »Personen, die dem Vaterland nicht mehr dienen können«, also alte Menschen, »auf respektvolle und höfliche Weise darum gebeten werden, die Zukunft der Nation durch eigenen Verzicht zu unterstützen«.

In der Praxis bestand die vom Konfuzianismus vorgegebene »respektvolle und höfliche Weise« darin, dass man zunächst den Greisen und dann bald allen schwächeren Personen respektvoll und höflich das Essen verweigerte, und sie, wenn sie dann verhungert waren, respektvoll und höflich zu Grabe trug – zumindest an jenen Orten, wo solche Rituale nicht durch die große Zahl von Todesfällen unmöglich geworden waren.

In einigen von Beijing weit entfernten Landesteilen entwickelten sich zum Vollzug der Kampagne eigene Gebräuche, wie zum Beispiel die in der Provinz Guizhou eingeführten »Abschiedspaläste«, besondere Gebäude, meist nur Hütten, in die man die alten Leute zum Verhungern einsperrte, nachdem man feierlich von ihnen Abschied genommen hatte. In der Provinz Jiangxi gab es die Einrichtung des »Dankbarkeitsmahls«: Wenn es jemandem gelang, seine Eltern oder Großeltern zum Selbstmord zu bewegen, erhielt seine Familie für jeden Verstorbenen ein Gongjin (etwa ein Kilo) Reis, der dann von den Hinterbliebenen in einer feierlichen Mahlzeit, an der der Tote in Form eines Bildes symbolisch teilnahm, gemeinsam verzehrt wurde. Vonseiten der Partei wurde nicht überprüft, ob die Selbstmorde in jedem Fall tatsächlich freiwillig stattgefunden hatten.

In den weitaus meisten Fällen verzichtete man aber unter dem Druck der Situation auf den befohlenen Respekt und die angeordnete Höflichkeit und brachte die lästigen Esser einfach um.

Ganz generell waren die Methoden, mit denen man die Zahl der hungrigen Mäuler verminderte, von Land zu Land sehr unterschiedlich. In Indien etwa führte man die Tradition der Witwenverbrennung wieder ein und weitete sie auch auf Witwer aus. Zusätzlich wurde eine »Doppelwitwerschaft« eingeführt, bei der alte Ehepaare gemeinsam verbrannt wurden. In Teilen Sibiriens entstand ein anderer Brauch, der eine Art von Gottesurteil darstellte: Als überzählig betrachtete Familienmitglieder wurden bei winterlicher Kälte während vierundzwanzig Stunden aus dem Haus gesperrt. Wenn sie diese Zeit überlebten, galt das als Beweis dafür, dass sie immer noch in der Lage waren, für sich selbst zu sorgen, und sie wurden wieder in die Hausgemeinschaft aufgenommen. Wenn sie hingegen nach einem Tag und einer Nacht im Freien erfroren waren, wurde das als ihre eigene Schuld betrachtet.

Nicht alle neu entwickelten ritualisierten Formen, sich lästiger Esser zu entledigen, bezogen sich auf ältere Familienmitglieder. In vielen Gesellschaften war man zwar der Meinung, dass die immer zahlreicher hereinströmenden Fremden eine bedrohliche Konkurrenz im Kampf um die knapper werdenden Vorräte darstellten, die kulturellen Grundprinzipien erlaubten es aber nicht, einfach auf sie zu schießen. Man entwickelte deshalb Formen, die es gestatteten, die als unumgänglich empfundenen Abwehrmaßnahmen in das Raster alter Gebräuche einzufügen und damit moralisch zu rechtfertigen.

So bekamen in Deutschland, in den ländlichen Gebieten von Niedersachsen, Sachsen-Anhalt und Thüringen, Flüchtlinge – oder andere Menschen, deren man sich entledigen wollte – eine faire Chance. Man trieb sie in die Wälder und machte dann Jagd auf sie, wobei strenge waidmännische Regeln eingehalten wurden. So war es zum Beispiel verpönt, andere als traditionelle Jagdwaffen (in der Regel Schrotflinten) zu verwenden. Wer mit so etwas wie einer Maschinenpistole erwischt wurde, verlor alle seine Ämter in der Jagdgesellschaft und konnte im Wiederholungsfall von der Teilnahme an der nächsten Treibjagd ausgeschlossen werden.

Den Tieren war die Selbstausrottung, die von den Menschen auf die verschiedensten Arten praktiziert wurde, natürlich sehr willkommen. Außerdem wurden sie durch einzelne Episoden in ihrer Überzeugung bestärkt, dass die Ausmerzung von Homo sapiens dem Planeten nur guttun könne. Dabei gingen sie nicht etwa von moralischen Maßstäben aus; das wäre eine Denkweise gewesen, die Tieren völlig fernliegt. Aber viele von ihnen beobachtete menschliche Verhaltensweisen bestätigten sie in ihrer Meinung, dass sich die Evolution bei dieser Gattung in eine Richtung entwickelt habe, die früher oder später für alle anderen Arten zu einer Katastrophe führen müsse. Ansätze zu aus der Sicht der Tiere vernünftigem Handeln, die zur Hoffnung Anlass gegeben hätten, wurden sofort wieder aufgegeben, sobald die Verletzung eigentlich gemeinsam beschlossener Regeln einzelnen oder kleinen Gruppen Vorteile versprach.

So führte die Nahrungsmittelknappheit dazu, dass das eigentlich weltweit verpönte Fischen mit Dynamit an vielen Orten wieder betrieben wurde. Nur die Abholzung des Regenwaldes ließ spürbar nach, ja hörte sogar weitgehend auf. Das hatte aber nichts mit einer wie auch immer gearteten Einsicht seitens des Homo sapiens zu tun, sondern war nur darauf zurückzuführen, dass sich durch die Blockierung der Transportwege der Anbau von ausschließlich für den Export bestimmten Produkten wie Ölpalmen nicht mehr rechnete.

Während solche und andere Beobachtungen menschlichen Verhaltens die Tiere in ihrem Vorhaben bestärkten, waren einzelne Episoden, die in den inzwischen nicht mehr existierenden Massenmedien für Aufregung gesorgt hätten, für sie völlig uninteressant.

So fanden im Örtchen Zebulon (Pike County, Georgia) etwa fünfzig Meilen südlich von Atlanta Frauen, die ohne Angehörige auf der Flucht aus der Stadt waren, Zuflucht beim Automechaniker Frederic »Crazy« Kidd und seiner Frau Samantha. Die beiden kündigten ihre Bereitschaft zur Gastfreundschaft nirgends an, sondern ließen den Duft von frisch gebackenem Brot als Lockmittel seine Wirkung tun. Ihre weiblichen Gäste – die Kidds nahmen mit Vorliebe sehr junge Frauen auf – durften sich einmal satt essen und wurden anschließend eingesperrt und zur Prostitution gezwungen. Die Kunden waren hauptsächlich Männer aus der Umgebung. Mit den Einnahmen aus diesem Gewerbe finanzierte das Ehepaar nicht nur die Mahlzeiten, mit denen sie ihre Opfer anlockten, sie sorgten vor allem dafür, dass sie selbst keinen Hunger leiden mussten.

Frauen, die sich weigerten oder bei der Kundschaft keinen Anklang mehr fanden, wurden in Frederic Kidds eigener Formulierung »auf die Straße gesetzt«. Keine von ihnen wurde je wiedergesehen, weder in Zebulon noch woanders.

Die Tätigkeit der Kidds war im ganzen Pike County bekannt. Es griff aber niemand ein, einerseits weil »Crazy« Kidd als gewalttätig bekannt war, andererseits weil man in der Zeit der Großen Hungersnot bereit war, moralische Kategorien zur Seite zu schieben. Zumindest von der männlichen Bevölkerung wurde er, wenn das auch niemand laut sagte, sogar bewundert.

Frederic Kidd seinerseits legte großen Wert auf die Feststellung, dass er nicht etwa Zuhälter, sondern ganz einfach *businessman* sei. Nachdem man mit einer Autowerkstatt nichts mehr verdienen könne, habe er sich eben nach einem anderen Geschäftsfeld umsehen müssen.

Er selbst vergewaltigte keines seiner Opfer. Als Mitglied der örtlichen Baptistengemeinde wäre so etwas für ihn nicht in Frage gekommen.

Es war aber nicht so, dass die Hungersnot bei allen Menschen immer nur die schlechteste Seite zum Vorschein gebracht hätte. Bei vielen ging die Entwicklung in eine andere Richtung: Sie wandten sich der Religion zu.

Lasset uns beten

Von dieser neuen und oft sehr intensiven Religiosität konnten die althergebrachten Glaubensrichtungen allerdings kaum profitieren.

Viel mehr Erfolg hatten neue Religionsgemeinschaften, die sich in ihren Botschaften ganz direkt auf die veränderten Lebensumstände bezogen. Allerdings hatten die meisten der neu gegründeten Religionen (oder Sekten) nicht lang Bestand. Wenn sich ihre Weltuntergangsprophezeiungen nicht pünktlich zum angekündigten Termin erfüllten, verliefen sich die neu gewonnenen Anhänger bald wieder.

Am besten erging es jenen Gemeinden, die es schafften, ihre Mitglieder mit der immer wieder erneuerten Hoffnung auf eine bessere Zukunft an sich zu binden. Als Beispiel dafür mag die einzige dieser neuen Kirchen dienen, zu deren Erfolg ein Tier Entscheidendes beitrug: die New Egyptian Church of the Perpetual Punishment, allgemein als New Egyptian bekannt. Sie hatte sich diesen exotischen Namen gegeben, weil ihre Gründerin (oder Erfinderin, wie böse Zungen sagten) die Lehre verkündete, all die Katastrophen, die die Menschheit im letzten Jahr befallen hätten, seien nur zu verstehen, wenn man sie als eine neue Form der zehn biblischen Plagen begreife, mit denen Gott den Pharao damals gezwungen habe, die Kinder Israels aus der Sklaverei zu entlassen. Diese Botschaft, das war der Gründungsmythos der New Egyptian, hatte sie von einem Engel empfangen, verbunden mit der Warnung, die göttlichen Strafen würden so lang weitergehen, bis die Menschen endlich den Willen Gottes erfüllten und von einer bestimmten, ihm ganz besonders missfallenden Sünde abließen. Was diese Sünde war, hätte auf der Stirn des Engels gestanden, doch als die Prophetin die himmlische Nachricht lesen wollte, war sie vom überirdischen Leuchten der Buchstaben so geblendet worden, dass sie die Augen schließen musste. Als sie sie wieder öffnete, war der Engel verschwunden.

Seither betrachtete sie es als ihre Aufgabe, den verborgenen Willen Gottes zu entschlüsseln. Die Lehre, mit der sie ihre Anhänger (und deren Spenden) für sich gewann, lautete: Wenn es uns im gemeinsamen Gebet gelingt zu verstehen, was Gott mit seinen immer neuen Strafen bei uns erreichen will, können wir seinen Willen erfüllen und ihn durch unseren Gehorsam dazu bewegen, den Fluch von uns zu nehmen und uns nicht weiter zu bestrafen.

Die Prophetin hieß Meredith Wilkinson, war aber als Sister Miriam bekannt, woraus dann später, nach den Ereignissen, die sie zur Märtyrerin machten, Saint Miriam wurde. Sie hatte sich für den Namen Miriam entschieden, weil sie sich als Nachfolgerin, wenn nicht Reinkarnation, der gleichnamigen biblischen Figur betrachtete, und mit dem Titel »Sister« wollte sie daran erinnern, dass ihre Namenspatronin die prophetische Schwester von Moses und Aaron gewesen war, ein vollwertiger Teil des Dreigestirns, das die Israeliten aus Ägypten herausgeführt und damit von allem Leid befreit hatte.

Vor ihrer Berufung in das Priesteramt war Sister Miriam Tänzerin gewesen. Als solche war sie meist in jener Art von Lokalen aufgetreten, die ausschließlich von Männern besucht werden. Aber, wie sie oft in ihren Predigten sagte: »Jeder kann von Gott auserwählt werden.« Die Tanzkunst pflegte sie auch als Religionsgründerin weiter, denn hatte nicht auch die biblische Miriam die Pauke geschlagen und getanzt, nachdem ihr Volk trockenen Fußes durch das Rote Meer gezogen war? Der von Sister Miriam angeführte Reigen der Jungfrauen war ein besonders beliebter Bestandteil ihrer Gottesdienste.

Ihre Hauptkirche (in allen Bundesstaaten mit Ausnahme von Hawaii gab es Ableger davon) war das ehemalige Enterprise Center in St. Louis, Missouri, in dem bis zu zwanzigtausend Anhänger der New Egyptian Platz gefunden hätten. Zu den sonntäglichen Gottesdiensten kamen allerdings nur ein paar hundert, aber in einer entvölkerten Stadt wie St. Louis war auch das mehr als in allen anderen Kirchen. Die Gläubigen wurden nicht nur durch Sister Miriams Botschaft angelockt, sondern ebenso durch die Rituale, die sie sich ausgedacht hatte. Sie wusste, wie wichtig eine effektvolle Inszenierung war, schließlich hatte sie lang genug im Showbusiness gearbeitet.

Einer dieser Effekte war das schwarze Tuch, das sie sich um die Augen band, bevor sie sich von zwei Diakonen zur Kanzel führen ließ. »Bei meiner Begegnung mit dem Engel war ich blind«, sollte das besagen, »und darum habe ich damals versagt und die göttliche Botschaft nicht verstanden.« Mit verbundenen Augen stand sie dann minutenlang schweigend vor ihrer Gemeinde, während ein immer lauter werdender Sprechchor der Gläubigen von ihr forderte: »*Take it off! Take it off!*« Schon in ihrem früheren Beruf hatte es Sister Miriam jedes Mal wieder genossen, ihre Zuschauer möglichst lang auf die entscheidende Enthüllung warten zu lassen.

Wenn sie sich dann schließlich dazu bewegen ließ, die Binde abzunehmen, jubelten ihr ihre Anhänger zu. Und wurden dann auf ein Zeichen der Diakone ganz still, um kein Wort aus dem Mund ihrer Prophetin zu verpassen. Sister Miriam war keine mitreißende Kanzelrednerin, was sie oft selbst thematisierte, indem sie daran erinnerte, auch ihr Bruder Moses habe »eine schwere Sprache und eine schwere Zunge« gehabt. Ihre Predigten waren meist sehr kurz und dienten nur dazu, zum nächsten Höhepunkt überzuleiten.

Die Lehre der New Egyptian besagte, die göttlichen Strafen würden erst dann enden, wenn die Menschheit von einer ganz bestimmten Sünde ablasse – ebender, die in feurigen Buchstaben auf der Stirn des Engels gestanden hatte. In jedem Gottesdienst versuchten die Gläubigen, die sich selbst »Egyptians« nannten, herauszufinden, welche ihrer Sünden Gott wohl gemeint haben konnte. Wenn jemand die richtige nannte, hatte Sister Miriam verkündet, würden sich die Himmel öffnen, und eine weiße Taube würde erscheinen, als Zeichen dafür, dass der Herr wieder Frieden mit seinen Geschöpfen geschlossen habe.

Die Suche nach der erlösenden Antwort und damit dem Ende des »Perpetual Punishment« lief so ab: Von der Kanzel rief Sister Miriam eine nach der anderen die zehn ägyptischen Plagen auf, und die Gläubigen schrien alle Untaten heraus, die sie begangen hatten oder von denen sie sich doch vorstellen konnten, andere hätten sie begangen. Miriam rief also: »Blut!« oder »Frösche!« oder »Stechmücken!«, und die Gemeinde antwortete nach jeder Plage mit einer lautstarken Aufzählung immer fantastischerer Sünden. Bisher war allerdings die richtige zwar noch nicht dabei gewesen, und die weiße Taube war nicht erschienen, aber die erleichternde Wirkung einer solchen folgenlosen Beichte ließ die Gläubigen jedes Mal wieder ungeduldig auf das nächste Wochenende und den nächsten Gottesdienst warten.

Darauf folgte als absoluter Höhepunkt die Opferzeremonie. »Wenn wir schon dabei versagen, Gottes Willen zu erkennen«, hatte die Prophetin verkündet, »müssen wir ihm wenigstens mit einem Opfer beweisen, wie sehr wir uns darum bemühen.« Am liebsten hätte sie nach biblischem Vorbild Rinder, Ziegen oder zumindest Turteltauben schlachten lassen, aber in Zeiten einer allgemeinen Hungersnot, wo jedes Stück Fleisch mit Gold aufgewogen wurde, wäre das eine undenkbare Verschwendung gewesen und hätte die Leute nur abgestoßen. Um trotzdem Tieropfer möglich zu machen – »erst dadurch wird aus einer Kirche ein Tempel« –, verkündete Sister Miriam, dass im alten Ägypten Katzen als heilig betrachtet worden seien und dass es deshalb gottgefällig sein müsse, wenn eine Religionsgemeinschaft, die sich New Egyptian Church nenne, dem Herrn diese Tiere als Sühneopfer darbringe. Außerdem: Habe ihnen Gott in jenem Video nicht zwei Katzen als erstes Zeichen geschickt?

Es fiel den Gläubigen nicht leicht, ihre Katzen für diese Zeremonie zur Verfügung zu stellen, einerseits, weil sie ihnen als Haustiere ans Herz gewachsen waren, andererseits, weil beim zunehmenden Mangel an Nahrungsmitteln viele Menschen ihre Hemmungen überwunden und Katzenbraten als besondere Delikatesse entdeckt hatten. Wer trotzdem eine Katze für die Opferung mitbrachte, bekam dafür im Gottesdienst einen der begehrten Plätze in der ersten Reihe, ganz nahe bei der Prophetin. Die Opferung selbst wurde durch ausgebildete Metzger vorgenommen, die dabei mit dem Rücken zur Gemeinde standen, sodass die Gläubigen nur die allmählich erstickenden Schreie der Katzen hörten, bevor sie dann den Rauch aus den vorbereiteten Kohlepfannen aufsteigen sahen.

Es geschah während einer dieser Zeremonien, dass Sister Miriam von einer Prophetin zur Heiligen wurde, und es passierte ausgerechnet am höchsten Feiertag ihres selbsterfundenen Kirchenjahres, nämlich am »Sonntag der Erleuchtung«, dem Jahrestag ihrer Begegnung mit dem Engel. Mehr als vierhundert Gläubige waren ins Enterprise Center gekommen, und Sister Miriam, die noch von ihrer ersten Karriere her ein gutes Gefühl dafür hatte, wie lang man sein Publikum warten lassen konnte, hatte die schwarze Binde fast zehn Minuten lang getragen, bis sie sich endlich von den Sprechchören ihrer Bewunderer dazu bewegen ließ, sie abzulegen. In ihrer Predigt wandte sie sich an alle, die nicht im innersten Herzen daran glaubten, dass man sich durch ein ehrliches Geständnis der eigenen Sünden vom göttlichen Fluch befreien könne, und zitierte dazu die Worte der biblischen Miriam: »Redet denn der Herr allein durch Moses? Redet er nicht auch durch uns?« Die Gläubigen antworteten so inbrünstig wie noch nie, und mancher erfuhr durch seine Nachbarn von Sünden, deren Existenz er nie für möglich gehalten hätte.

Die Himmel öffneten sich nicht. Aber ein Wunder schickte der Herr seinen Getreuen.

An diesem höchsten Feiertag im Kalender der New Egyptian Church hatte das Opferritual eine besondere Sensation zu bieten: Der Saint Louis Zoo, der noch vor einem Jahr mehr als zehntausend Tiere präsentiert hatte, war nicht mehr in der Lage, seine Ausstellungsstücke zu ernähren, und hatte begonnen, sie zu verkaufen. Ein besonders glühender Anhänger der New Egyptian hatte einen jungen Leoparden erworben und ihn der Kirche für die Zeremonie zur Verfügung gestellt. Schwester Miriam hatte die Gabe gern akzeptiert. Gewöhnliche Katzen, so ihre Überlegung, wurden in den Tochterkirchen in der ganzen Welt geopfert, aber so etwas wie einen echten Leoparden hatte eben nur der Haupttempel in St. Louis zu bieten.

Leider war der Offiziant, der dem Tier die Kehle durchschneiden sollte, nur im Umgang mit Hauskatzen geübt. Der Leopard riss sich los, sprang mit einem Satz auf die Kanzel und attackierte Sister Miriam. Das war der exakte Moment, in dem der Erfolg der New Egyptian Church of the Perpetual Punishment endgültig feststand, denn jetzt wussten alle Anwesenden endgültig: Sister Miriam war nicht nur eine Prophetin, sondern eine Heilige. Durch ihr Martyrium hatte Gott ihre Botschaft bestätigt. In Zukunft – und symbolischer konnte ein Wunder nicht sein – würde sie keine Binde mehr brauchen. Der Leopard hatte ihr die Augen ausgekratzt.

Die Tiere nahmen den religiösen Aspekt dieser und ähnlicher Veranstaltungen überhaupt nicht wahr. Das Bedürfnis nach Trost und Unterstützung durch eine selbst erdachte höhere Macht hatte sich im Lauf der Evolution bei ihnen nie entwickelt. Außerdem waren sie daran gewöhnt, dass Menschen, vor allem, wenn sie in Gruppen auftraten, oft unerklärliche Verhaltensweisen zeigten. Diese Unberechenbarkeit war ja auch einer der Gründe gewesen, sich für die Ausrottung von Homo sapiens zu entscheiden.

Lebensraum

Schon 2035, im zweiten Jahr des großen Angriffs, hatte sich die Situation auf dem Planeten aus Sicht der Tiere zum Besseren hin verändert. Die Menschen hatten ihre Rolle als führende Spezies endgültig verloren. Während Jahrtausenden waren sie, im Bestreben, sich die Erde untertan zu machen, immer nur vorwärts marschiert, jetzt endlich befanden sie sich auf dem Rückzug. Allerdings wäre es noch zu früh gewesen, bereits von ihrer Ausrottung zu sprechen, oder Homo sapiens, um seine eigene Terminologie zu verwenden, auf die Rote Liste zu setzen. Die Spezies schlug sich durch, so gut es eben ging.

Zu den sichtbarsten Veränderungen gehörte, dass sich die Menschen wegen der unzuverlässig gewordenen oder gar nicht mehr existierenden Transport- und Kommunikationswege in sehr viel weniger zentralisierten Gemeinschaften organisierten, als sie es vorher vorzugsweise getan hatten. Zwar existierten die Staaten noch, zumindest in der Theorie, und es gab auch noch Regierungen, aber deren Amtsführung war in den meisten Fällen nur noch ein ritualisiertes Theaterspiel, bei dem die »Regierenden« ihre eigenen und oft einzigen Zuschauer waren. Präsident Bartholomew hielt immer noch Sitzungen ab und unterschrieb Dekrete, aber meistens ging deren Wirkung nicht über das Weiße Haus hinaus.

Die Gemeinschaften, in denen sich die Menschen zusammenfanden, wurden immer kleiner und lokaler. Meist waren es nur noch Familienverbände, die versuchten, durch Subsistenzwirtschaft zu überleben – was ihnen nur selten wirklich gelang, weil die Tiere die Zerstörung der Ernten ja nicht einstellten. Außerdem mussten diese Clans ihr Territorium und ihre Vorräte permanent gegen wandernde Banden verteidigen, gegen andere Familien, die es nicht geschafft hatten, ein Stück Land in Besitz zu nehmen und dort genügend Nahrungsmittel zu produzieren.

In diesen Mikrogemeinschaften wurden teils traditionelle, teils völlig neu erdachte Organisationsformen ausprobiert. In manchen setzte sich ein religiöser Führer an die Spitze, in anderen wurde mit dem Matriarchat experimentiert. Aber was sich die Menschen auch für Formen für ihre Gemeinschaften einfallen ließen, am Schluss lief es immer auf etwas hinaus, das den beobachtenden Tieren bestens vertraut war: das Recht des Stärkeren.

In den Städten, die noch existierten, sah es nicht viel anders aus. Nicht überall war es den Tieren so gut gelungen wie in New York oder Los Angeles, die Metropolen unbewohnbar zu machen, und so hausten immer noch viele Exemplare von Homo sapiens in den alten Zentren. Aber sie hatten sich an eine völlig veränderte Lebensweise gewöhnen müssen. Die Häuser waren weitgehend intakt geblieben, aber fast alle standen leer. Die Wohnungen waren von ihren früheren Besitzern einfach aufgegeben worden, sodass die City-Nomaden, wie sie sich selbst nannten, einziehen konnten, wo immer sie wollten. Dabei waren die begehrtesten Wohnungen diejenigen im dritten oder vierten Stockwerk, weil man in den untersten Stockwerken mit Überfällen rechnen musste, vor allem, wenn sich in der Gegend das Gerücht verbreitete, man habe Vorräte gehortet – und Gerüchte waren zur dominierenden Form der Kommunikation geworden.

Die Menschen ließen sich einmal da und einmal dort für ein paar Tage nieder, so wie ihre Vorfahren vor Jahrtausenden nach einer besseren Höhle gesucht hatten. Seit die Infrastruktur, die aus Behausungen erst eigentliche Wohnungen gemacht hatte, zusammengebrochen war, existierte die Zivilisation, auf die die Menschen so stolz gewesen waren, nur noch in ein paar jämmerlichen Überresten.

Lange Zeit hatte die Fähigkeit, sich in komplexen, manchmal den ganzen Planeten umfassenden Netzwerken zu organisieren, Homo sapiens einen überwältigenden Vorteil gegenüber allen anderen Arten verschafft. Jetzt zeigte sich, dass er sich derartig an diese Strukturen gewöhnt hatte, dass deren Fehlen eine mindestens so große Katastrophe für ihn bedeutete wie der Mangel an Nahrung. Viele Annehmlichkeiten des täglichen Lebens waren ihm so selbstverständlich geworden, dass er schon lang aufgehört hatte, die komplizierte Organisation zu hinterfragen, mit der die Gemeinschaft ihre Versorgung gesichert hatte. Der Reflex, Probleme auf Knopfdruck oder durch eine Eingabe am Computer zu lösen, war bei den Menschen immer noch vorhanden, und es war jedes Mal aufs Neue ein Schock für sie, wenn die Tastatureingabe nichts bewirkte.

Um nur ein Beispiel zu nennen: Die Bewohner der Städte waren daran gewöhnt, dass man das Klima und seine Launen nicht einfach hinnehmen musste, sondern es, zumindest in den Gebäuden, nach Belieben verändern konnte. Man musste dazu nur die entsprechende Taste an der Klimaanlage oder den Regler an der Zentralheizung betätigen. Diese Selbstverständlichkeit, das wurde den Menschen mit jedem Tag schmerzhafter bewusst, würde nie wieder zurückkommen.

Um die Stromversorgung in den Städten zu unterbrechen oder doch sehr unzuverlässig werden zu lassen, hatten die Tiere nicht mehr wie bei ihren ersten Angriffen sämtliche Leitungen annagen müssen. Sie hatten gelernt, wie sie mit sehr viel weniger Aufwand einen ähnlichen Effekt erzielen konnten, indem sie sich nämlich in ihren Aktionen auf die Verteilzentren der Elektrizitätswerke konzentrierten. Mit dieser Taktik erreichten sie innerhalb weniger Wochen, dass die Menschen ihre Geräte oft auch an jenen Tagen nicht benützten, an denen sie ausnahmsweise kurz funktionierten.

Im Sommer waren die ausgefallenen Klimaanlagen nur lästig gewesen. Als zu Beginn der kalten Jahreszeit auch die Heizungen nicht mehr funktionierten, wurde es lebensbedrohlich. In einer zu heißen Wohnung zu schwitzen ist unangenehm; in einer zu kalten Wohnung kann man erfrieren. Schon das allein hatte einen starken Einfluss auf die Lebensweise der Stadtbewohner. Große Wohnungen mit hohen Räumen, die lange Zeit als erstrebenswert gegolten hatten, wurden nun gemieden, weil sich nur kleine und enge Räume mit improvisierten Öfen einigermaßen heizen ließen. Brennstofflieferungen, mit denen sich die Zentralheizungen hätten betreiben lassen, trafen schon lang nicht mehr ein. Für ein bisschen Wärme war man gezwungen, auf primitivere Methoden zurückzugreifen. Entsprechend war in den Städten vom Bauzaun bis zur Parkbank bald alles geplündert, was aus Holz war.

Die auffälligste Folge des Brenn- und Treibstoffmangels war aber das fast vollständige Fehlen von motorisiertem Verkehr. Die wenigen Ausnahmen waren Fahrzeuge der Armee. Das Militär, von dem einige Restbestände immer noch existierten, hatte rechtzeitig zu Beginn der Krise alle erreichbaren Vorräte beschlagnahmt.

Ein paar reichen Leuten war es ebenfalls gelungen, Benzinvorräte für den eigenen Gebrauch zu bunkern, aber sie zeigten sich mit ihren Autos besser nicht in der Stadt, weil sie befürchten mussten, von neidischen Mitmenschen mit Steinen beworfen zu werden. Einige von ihnen hatten versucht, auf Kutschen und andere Fuhrwerke umzusteigen, aber das hatte sich als unmöglich erwiesen. Auch wenn sie vorher noch so handzahm gewesen waren, leisteten sämtliche Pferde plötzlich heftigen Widerstand gegen jeden Versuch, ihnen ein Geschirr anzulegen.

Die Menschen bewegten sich also weitgehend zu Fuß, was ihnen nur in Ausnahmefällen erlaubte, größere Distanzen zurückzulegen. Entsprechend zerfielen die Städte in Viertel oder Straßenzüge, die zu eigentlichen Dörfern wurden. Manchmal trieben ihre Bewohner untereinander Handel, aber noch öfter versuchten sie, sich durch Raubzüge und Überfälle Vorteile zu verschaffen. In einer Situation, in der jeder permanent ums Überleben kämpfte, hatten die alten moralischen Grundsätze den Charakter von reinen Legenden angenommen, an die man sich ungläubig oder nostalgisch erinnerte.

Die unvermeidliche Konzentration auf das Notwendigste hatte auch zur Folge, dass viele Einrichtungen, deren Bedeutung noch vor zwei Jahren niemand angezweifelt hätte, aufgehört hatten zu existieren. Die paar Akademiker, die sich im Oxforder Balliol College verschanzt hatten, konnten die Universität nicht allein betreiben, und einzelne Lehrer, die versuchten, auch ohne funktionierende Schulen weiter Unterricht zu erteilen, mussten bald resigniert feststellen, dass niemand bereit war, sie für diese Dienstleistung zu bezahlen, und sei es nur mit einem Stück Brot. Außerdem hatten die Kinder Wichtigeres zu tun als Lesen oder Rechnen zu lernen: Sie mussten, genau wie die Erwachsenen, zum Überleben ihrer Familien beitragen.

Die Bibliotheken hatten keine Leser mehr, denn für solche überflüssigen Tätigkeiten wollte niemand Zeit verschwenden. Eine Weile lang waren sie fast vergessen, bis sie dann im Herbst wegen der sinkenden Temperaturen wieder ins Zentrum des Interesses rückten. Ihre Bücherregale, realisierten die Menschen, enthielten schließlich große Mengen an handlichem und leicht zu transportierendem Brennmaterial.

Im Sinne der Tiere war jedoch der Ausfall der Krankenhäuser am nützlichsten, weil er am effizientesten dazu beitrug, die Anzahl der Menschen zu reduzieren. Als die Löhne vom zerfallenden Staat zum ersten Mal nicht bezahlt wurden, fühlten sich viele Ärzte und Pfleger verpflichtet, den Betrieb trotzdem weiterzuführen. Aber als dann die technischen Geräte nicht mehr nutzbar und die Arzneimittelvorräte aufgebraucht waren, gaben sie diesen Versuch bald wieder auf.

Nagetiere
Rodentia

Als die Menschen wirklich verzweifelt waren, fest davon überzeugt, dass es schlimmer nicht mehr werden könne, begannen die Tiere mit der dritten Phase ihres Schlachtplans.

Diesmal erfolgte der Angriff ausschließlich durch Nagetiere: Stachelschweine, Meerschweinchen, Murmeltiere, Eich- und Streifenhörnchen, Siebenschläfer, Hamster, Hasel-, Spring-, Renn- und Wühlmäuse. Auch exotischere Arten wie Capybaras, Chinchillas und Viscachas beteiligten sich. Nur Ratten und Hausmäuse nahmen an der Aktion nicht teil, obwohl sie eigentlich sehr gut für diese Art der Kriegsführung geeignet gewesen wären. Aber die Tatsache, dass die Menschen dazu neigten, feindlich auf sie zu reagieren und sich von ihnen fernzuhalten, hätte den Erfolg der Offensive gefährden können. Der Plan war nämlich darauf aufgebaut, dass die Menschen gar nicht – oder doch viel zu spät – realisieren sollten, dass sie auf eine neue Art angegriffen worden waren.

Die für den Feldzug eingeteilten Nagetiere hatten den Auftrag, die menschlichen Siedlungen zu infiltrieren und dabei möglichst nahe an deren Bewohner heranzukommen und, wo immer möglich, sogar körperlichen Kontakt zu ihnen herzustellen. Idealerweise sollte das geschehen, ohne dass die Menschen überhaupt etwas davon bemerkten, also indem man sich an schlafende Individuen heranschlich. Ansonsten sollten sich die Angreifer so verhalten, dass sie aus Sicht des Gegners nicht bedrohlich, sondern niedlich wirkten. Das klappte vor allem bei Kindern sehr gut, wenn sich zum Beispiel ein Murmeltier widerstandslos von ihnen streicheln ließ oder ein Eichhörnchen eine Nuss wie ein Geschenk vor sie hinlegte.

Um auf keinen Fall Abwehrreflexe auszulösen, vermieden es die Angreifer sorgfältig, sich an den verlockend riechenden Nahrungsvorräten zu bedienen. Auch ihren Kot – der im Angriffsdispositiv eine wichtige Rolle spielte – legten sie nur an Stellen ab, wo er den Menschen nicht auffiel. Es ging um Nähe, je näher, desto besser.

Der Erfolg dieser Taktik war so groß, dass die heilige Miriam in ihren Gottesdiensten bald nur noch die sechste ägyptische Plage nannte, je nach Übersetzung Blattern oder Pestilenz. Alle anderen, wie Finsternis oder Hagel, hatten im Vergleich zur neusten Bedrohung viel von ihrem Schrecken verloren. Denn was die Menschen jetzt am meisten ängstigte, waren die Seuchen.

Nagetiere (beziehungsweise die Flöhe, denen sie Gastrecht gewährten) waren schon seit jeher ideale Zwischenwirte für Krankheitserreger gewesen, wobei die Pathogene, die sie transportierten, für sie selbst in der Regel unschädlich blieben. Ob Meerschweinchen oder Siebenschläfer, sie gaben die Krankheiten, von denen sie selbst nicht befallen wurden, nur weiter. Bisher war das immer zufällig und ohne jede Absicht geschehen. Erst jetzt, nachdem ihre

Intelligenz sich durch das Retrovirus vervielfacht hatte, war ihnen die eigene Rolle bewusst geworden, auch wenn sie die genauen infektiologischen Zusammenhänge weder verstanden noch sich dafür interessierten. »Wir können Menschen krank machen«, nur diese Erkenntnis war für sie wichtig. Sobald ihnen das klar geworden war, hatten sie beschlossen, diese naturgegebene Fähigkeit als Waffe einzusetzen.

(Dabei war den Tieren nicht bewusst, dass sie für diese Art der Kriegsführung menschliche Vorbilder hatten: jene europäischen Siedler, die mit Pocken infizierte Wolldecken an Indianerstämme verteilt hatten, deren Land sie in Besitz nehmen wollten.)

Je enger der Kontakt zwischen Tieren und Menschen, desto wirksamer die Taktik. Sie erleichterte es den Erregern, auf neue Wirte überzuspringen, und da die Menschen unter ihren erzwungenen primitiven Lebensbedingungen meist eng aufeinanderhockten, konnten sich die eingeschleppten Krankheiten auch sehr schnell verbreiten. Die Effekte stellten sich denn auch schon sehr bald ein.

In Europa und Asien bewährten sich vor allem Rötel- und Gelbhalsmäuse als Stoßtrupps, wobei vor allem ihr strategisch platzierter Kot als Munition wirkte, von dem aus sich die ausgeschiedenen Hantaviren in der Luft verteilten. Sie entfalteten ihre Wirkung bereits, wenn die Menschen den dadurch kontaminierten Staub einatmeten. Dann stellten sich nach einer oder mehreren Wochen die ersten Symptome ein, die zuerst an eine gewöhnliche Grippe erinnerten, aber schon bald zu Blutungen und Nierenschäden führten.

Gerade beim Einsatz dieser Waffe zeigte sich, wie richtig

es gewesen war, sie erst in dieser fortgeschrittenen Phase des Feldzugs zu verwenden. Solang noch ein funktionierendes Netz von Arztpraxen und Krankenhäusern existiert hatte, wären die Symptome behandelbar gewesen. Jetzt, da die Medizin auf ein sehr viel primitiveres Niveau zurückgeworfen war, ließ sich schon bald ein sehr erfreulicher Anstieg der Sterblichkeit beobachten, vor allem, da gleichzeitig auch noch andere Seuchen ausbrachen und sich in ihrer Wirkung gegenseitig verstärkten.

So gelang es, in Zusammenarbeit mit Flughunden und Meerkatzen, das Marburg-Virus in einer eigentlichen Stafette aus seinem ursprünglichen Verbreitungsgebiet in Zentralafrika in andere Weltgegenden zu transportieren. Im Kampf gegen die Menschen erwies es sich als äußerst wirksame Waffe, vor allem, weil die dabei auftretenden Blutungen dafür sorgten, dass jeder Erkrankte eine ganze Reihe anderer Menschen ansteckte. Einer von vier Infizierten, das war das äußerst positive Ergebnis, überlebte die Attacke nicht.

Die Art der verbreiteten Krankheiten variierte je nach Klimazone und Kontinent. In den wärmeren Gebieten Asiens wurden beispielsweise gute Erfolge mit der Melioidose (Whitmore's Disease) erzielt, wobei die dafür eingesetzten Stoßtruppen die Infektion nicht direkt, sondern auf dem Umweg über das Trinkwasser verbreiteten. In diesem Fall war kein direkter Kontakt zu den Menschen notwendig, es musste nur dafür gesorgt werden, dass das auslösende Bakterium *Burkholderia pseudomallei* an den richtigen Stellen und in genügender Konzentration verbreitet war. Auch hier resultierte eine hohe Letalität und als Nebeneffekt eine ebenso hohe Anzahl chronischer Verläufe.

An dieser dritten Welle des Feldzugs, die im menschlichen Vokabular wohl am ehesten unter »Biologische Kriegsführung« einzuordnen gewesen wäre, nahmen weltweit viele verschiedene Arten von Nagetieren teil. Man legt im Tierreich keinen Wert auf äußerliche Symbole, sonst wären die höchsten Auszeichnungen wohl an Streifenhörnchen und Murmeltiere verliehen worden. Sie transportierten nämlich das Bakterium *Yersinia pestis,* das bei den Menschen die Beulenpest verursachte, eine Krankheit, die sich nicht nur in medizinischer, sondern auch in psychologischer Hinsicht hervorragend bewährte. Einerseits unterstützte sie das übergeordnete Kriegsziel der Ausrottung von Homo sapiens durch ihre hohe Todesrate sehr effizient, andererseits lösten die typischen Bubonen (Pestbeulen) am Hals, in den Achselhöhlen und in der Leistengegend der Betroffenen bei den Mitmenschen einen Panik- und Fluchtreflex aus, der der weiteren Verbreitung der Seuche ausgesprochen förderlich war. Diese heftige und von den Tieren nicht in diesem Ausmaß erwartete Reaktion hatte wohl viel mit stammesgeschichtlichen Erfahrungen und der Erinnerung an die Verheerungen der Schwarzen Pest im Mittelalter zu tun.

Eine aus jener Zeit überlieferte Art, mit dieser spezifischen Seuche fertigzuwerden, konnte von den Menschen nun allerdings im Abwehrkampf nur sehr begrenzt eingesetzt werden. Im Mittelalter war es üblich (und in Einzelfällen wohl auch wirksam) gewesen, die von der Pest Befallenen in ihren Häusern einzusperren oder einzumauern, um jeden Kontakt mit ihnen zu vermeiden. Mangels der weitgehend zerstörten städtischen Infrastruktur war das jetzt meistens nicht möglich. Auch hier erwies sich also die Strategie, diese Angriffsform erst in einer dritten Welle einzusetzen, als richtig.

Parallel zu den »großen« Seuchen wurden von den Nagern auch »kleinere«, also weniger tödliche Krankheiten unter den Menschen verbreitet. Auch ganz simple Infektionen, wie zum Beispiel eine gewöhnliche Grippe, erwiesen sich als wirkungsvoll, weil bei den traumatisierten Menschen auch schon ein harmloser Husten als erstes Anzeichen einer tödlichen Krankheit wahrgenommen wurde und zu Panik führte.

Ihren größten Triumph im Kampf gegen die Menschen erzielten die Tiere allerdings durch reinen Zufall, und zwar in Australien. Es war ein völlig ungeplanter Erfolg, den die Tiere, wenn ihnen eine solche Denkweise nicht völlig fremd gewesen wäre, wohl als Zeichen einer höheren Gerechtigkeit bezeichnet haben würden.

Die Ausrottung von Homo sapiens auf dem fünften Kontinent war das letzte Kapitel in einer langen Geschichte, die in der zweiten Hälfte des 18. Jahrhunderts begonnen hatte. In dem typisch menschlichen Drang, die ganze Welt für die eigene Gattung zu erobern, hatte die First Fleet im Jahr 1788 die ersten europäischen Kolonisten nach Australien transportiert. Die von den Siedlern mitgebrachten Kaninchen wurden zuerst in Ställen gehalten, aber bald in die freie Wildbahn entlassen, weil die Menschen ihrem Charakter gemäß etwas brauchten, das sie ihrem Jagdtrieb frönen ließ. Die Kaninchen fanden auf dem neuen Kontinent ideale Lebensbedingungen und keine Fressfeinde vor, sodass sie sich sehr schnell vermehrten. Gegen Mitte des 20. Jahrhunderts lebten knappe zehn Millionen Menschen in Australien, während die Zahl der Kaninchen bereits zehn Milliarden überschritten hatte.

Nun erschien den Menschen diese Tierart nur noch als Schädling, dem sie auch durch intensive Bejagung nicht beikommen konnten. Sie beschlossen deshalb, die Population der ihnen lästig gewordenen Tiere mithilfe einer Krankheit zu reduzieren. Zu diesem Zweck importierten sie das ursprünglich aus Südamerika stammende *Leporipoxvirus myxomatosis,* dessen infektiöse Wirkung sie zuerst nur im begrenzten Raum einer Insel vor der Küste des Kontinents ausprobieren wollten. Das Virus verbreitete sich aber, von Fliegen transportiert, schnell über das Versuchsgelände hinaus, und schon nach kurzer Zeit waren ihm rund die Hälfte aller in Australien lebenden Kaninchen zum Opfer gefallen. Die restlichen entwickelten Resistenzen, oder das Virus verlor durch natürliche Mutationen einen Teil seiner tödlichen Wirkung.

Doch gerade eine dieser zufälligen Mutationen ermöglichte es dem Virus, auch ein anderes Wirtstier zu befallen: den Menschen. Da bei dieser Spezies keinerlei natürliche Abwehrkräfte gegen die neue Krankheit existierten, war das Ergebnis eine hundertprozentige Sterblichkeitsrate durch innere Blutungen. Gegen Ende des Jahres 2037 war Australien als erster Kontinent absolut menschenfrei.

Die Bilanz nach den ersten drei Angriffswellen: Die Anzahl der Menschen, die den Planeten bevölkerten, war um die Hälfte gesunken, was ungefähr der erwarteten Entwicklung entsprach. Aber bei den verbleibenden Exemplaren zeigte sich ein Phänomen, das die Tiere aus eigener

Erfahrung kannten: Wenn eine Population durch Hunger, Krankheit oder eine Überzahl natürlicher Feinde stark unter Druck geraten war, starb sie entweder aus, was bei Homo sapiens wünschenswert gewesen wäre, oder aber die Exemplare mit den besten Genen überlebten, und das führte dann nach relativ kurzer Zeit wieder zu einem Anstieg der Zahlen.

Es stand zu befürchten, dass bei den Menschen der zweite Fall eintreten würde. Die Spezies erwies sich, wie es bei vielen Schädlingen der Fall ist, als sehr widerstandsfähig. Ohne zusätzliche Maßnahmen bestand die Gefahr, dass man dem Planeten nur eine Atempause verschafft, ihn aber nicht auf Dauer gerettet hatte. Und so wurde – wie immer, ohne dass förmliche Konsultationen dafür notwendig gewesen wären – der Entschluss gefasst, die Kampagne gegen Homo sapiens um eine zusätzliche Front zu erweitern.

Atempause

In den Wochen, bevor die Menschheit endgültig vernichtet wurde, ging es ihr besser als seit Langem. Rund um den Erdball herrschte Erleichterung, vor allem bei jenen Menschen, die sich – mehr aus Selbstüberschätzung als aufgrund von Tatsachen – für den Zustand der Welt verantwortlich fühlten.

So war in Washington Präsident Bartholomew fest davon überzeugt, die Situation Amerikas habe sich nur deshalb verbessert, weil er in der aktuellen Krise staatsmännisch und verantwortungsvoll die richtigen Gegenmaßnahmen getroffen habe. Es widersprach ihm niemand, obwohl die meisten seiner widersprüchlichen Anordnungen nie ausgeführt worden waren. Solang im Keller des Weißen Hauses noch die vom Secret Service vorsorglich angehäuften Lebensmittelvorräte lagerten, wollte niemand seinen Regierungsjob aufs Spiel setzen.

In seinem neugefundenen Optimismus fing Bartholomew sogar schon wieder an, über die Wahlen im Jahr 2036 nachzudenken. Mit Milan Svoboda führte er lange Gespräche über die Frage, mit welchem Slogan er sich den Wählern diesmal präsentieren solle. Das »Weiter so!«, das sie eigentlich auf die Plakate hatten drucken wollen, schien unter den gegenwärtigen Umständen nicht mehr die ideale Formulierung zu sein. Die beiden besprachen auch schon, wie die noch zu findende Botschaft am besten unter die Leute gebracht werden könne, jetzt, wo alle traditionellen Kommunikationswege nicht mehr funktionierten und man auch nicht davon ausgehen konnte, dass sich bis zum Beginn des Wahlkampfs in dieser Hinsicht wieder eine gewisse Normalität eingestellt haben würde. »Obwohl«, wiederholte Bartholomew immer wieder, »die Dinge nur besser werden können.« Es klang mehr wie ein Gebet als eine realistische Vision, aber Svoboda widersprach ihm nicht. Auch er sah keinen Grund, seinen Posten zu riskieren. Und dass es tatsächlich kleine Fortschritte gab, war nicht zu bestreiten.

Bei den Gesprächen der beiden war als einziger Zuhörer der Basset Oodles anwesend. Diesem war, wie allen anderen Tieren, völlig klar, dass 2036 in Amerika keine Wahlen stattfinden würden. 2036, das stand fest, würden die USA nicht mehr existieren, und gerade er, der First Dog, hatte durch die von ihm mitgehörten Gespräche Entscheidendes dazu beigetragen, dass Bartholomew der letzte Präsident der Vereinigten Staaten sein würde.

Dass sich die Situation im ganzen Land, aber vor allem in Washington D.C., eindeutig verbessert hatte, gehörte zum Schlachtplan der Tiere. Die Stromversorgung funktionierte weitgehend wieder, und die Joint Chiefs of Staff hatten sogar gemeldet, es sei dem Pentagon gelungen, mit den meisten Truppenteilen telefonisch in Verbindung zu sein und damit die korrekte Kommandostruktur wiederherzustellen. »Glauben Sie mir, Svoboda«, sagte Präsident Bartholomew, »wer immer uns all diese Tiere auf den Hals gehetzt hat, hat sein Pulver verschossen.« Es war eine unsaubere Metapher, und noch zwei Jahre zuvor hätte ihn sein PR-Berater, der in sprachlichen Dingen sehr pingelig war, korrigiert.

Was weder Bartholomew noch Svoboda zu diesem Zeitpunkt wusste: In den anderen wichtigen Hauptstädten verspürte man dieselbe Erleichterung. Sowohl im Kreml wie auch am Sitz des Zentralkomitees der KPCh in Beijing stellte man fest, dass die Zustände zwar noch nicht eindeutig besser, aber seit einiger Zeit auch nicht schlechter geworden waren. Zwar forderten die Seuchen auch weiterhin ihre Opfer, aber die Ernten waren schon eine ganze Weile nicht mehr angegriffen worden, und viele Verkehrswege konnten allmählich wieder in Betrieb genommen werden. Auch die Kommunikation über größere Distanzen war – wenn auch eingeschränkt – wieder möglich.

In einer ihrer Predigten verkündigte die blinde Heilige, Sister Miriam, dass der Engel sie noch ein zweites Mal besucht und ihr verkündet hatte, Gott habe beschlossen, der Menschheit einen letzten Aufschub zu gewähren. Zwar sei sein Wille noch nicht ganz erfüllt, aber die Gebete und vor allem die Opfer der New Egyptian Church hätten ihn gnädig gestimmt. In der nächsten Zeit sei deshalb mit keinen neuen Plagen zu rechnen.

In der ganzen Geschichte der Menschheit war noch nie eine Prophezeiung so falsch gewesen.

Nicht nur Sister Miriam, auch sonst kam niemand auf den Gedanken, dass die positiven Veränderungen Teil eines größeren Planes sein könnten. Niemand realisierte, dass die Angriffe auf die Felder nur ausblieben, weil sich die Tiere in abgelegene Gebiete zurückgezogen hatten, um möglichst weit weg von den geplanten Vorkommnissen zu sein. Oder dass die Transport- und Kommunikationswege nur deshalb wieder offen waren, damit ein ganz bestimmtes Gerücht sein Ziel erreichen und seine Wirkung entfalten konnte. Gerüchte, diesen Schluss hatten die Tiere aus ihrem Studium der Menschheit gezogen, konnten eine äußerst wirksame Waffe sein.

Wenn ein Gerücht den erwünschten Effekt haben soll, muss es glaubhaft sein, und das erreicht man am sichersten dadurch, dass man den Adressaten aus richtigen Elementen selbst die falschen Schlüsse ziehen lässt. Die Aktionen, mit denen diese Elemente etabliert wurden, hatten schon vor Monaten stattgefunden, und zwar gleichzeitig an drei verschiedenen Orten: In der Bucht von Lawrentija im Osten des asiatischen Teils von Russland, und auf beiden Seiten des Xingkai-Sees, der Sibirien von der chinesischen Provinz Heilongjiang trennt. In diesen Gegenden hatten die Tiere bei den ersten beiden Wellen die Angriffe besonders intensiv gestaltet, um sicherzustellen, dass dort niemand mehr wohnte, der diese Vorbereitungen hätte beobachten können.

Vor allem der alte Frachtdampfer, der aus der Bucht von Lawrentija auslief und sich durch das Packeis der Tschuktschensee den Weg nach Point Hope auf der amerikanischen Seite bahnte, hätte bestimmt Aufsehen erregt. Das Schiff (das ohne jede ironische Absicht der Tiere den äußerst treffenden Namen Budushcheye, also »Zukunft« trug) wurde unter der Oberfläche des Packeises von Beluga- und Schwertwalen gestoßen. In Point Hope legte es nur kurz an und machte sich dann sofort wieder auf den Weg zurück auf die russische Seite, allerdings mit anderer Ladung oder, genauer gesagt, mit anderen Passagieren.

Was sich am Xingkai-See abspielte, war weniger spektakulär, diente aber demselben Ziel und war ebenso erfolgreich.

Während also an diesen abgelegenen Orten die Vorbereitungen für die entscheidende vierte Angriffswelle bereits in vollem Gang waren, stellte sich bei den Menschen vorübergehend so etwas wie Alltag ein. Ein paar Episoden aus jenen Tagen sind aus zwei Gründen erwähnenswert: Sie zeigen, dass die Menschen wieder Hoffnung schöpften, und sie stellen, jede für sich, die endgültig letzten Aktivitäten in ihrem Bereich dar.

In England versuchten einige begeisterte Anhänger des London Philharmonic Orchestra, ein Konzert auf die Beine zu stellen, nachdem seit Beginn der Großen Hungersnot keine einzige Veranstaltung dieser Art mehr stattgefunden hatte. Allerdings waren unterdessen mehr als die Hälfte der Orchestermitglieder nicht mehr am Leben oder nicht mehr auffindbar. Man ersetzte sie, so gut es ging, durch Amateurmusiker und musste sich schweren Herzens sogar dazu entschließen, den Klangkörper durch Instrumente zu ergänzen, die eigentlich in einem klassischen Orchester nichts zu suchen hatten. Da kein einziger Hornist mehr aufzufinden war, behalf man sich mit Saxofonen.

Man entschied sich für Beethovens fünfte Symphonie, die nur schon wegen ihrer Bezeichnung als »Schicksalssymphonie« besonders geeignet schien. Da die Royal Festival Hall im Zug der innerstädtischen Unruhen abgebrannt war, fand das Konzert im abgeholzten Hyde Park statt. Die

Tatsache, dass sich im weitgehend entvölkerten London mehrere hundert Zuhörer einfanden, wurde allgemein als großer Erfolg betrachtet.

Es war das endgültig letzte Mal, dass irgendwo auf dem Planeten ein Orchester klassische Musik spielte.

In Paris hatte es eine freiwillige Truppe aus Museumsangestellten und Kunstliebhabern geschafft, den Louvre während der Krise vor Plünderungen zu bewahren. Allerdings hatte man zu diesem Zweck alle Eingänge und Fenster verbarrikadieren müssen, sodass die Gemälde und Kunstwerke die ganze Zeit in dunkeln Räumen vor sich hin gedämmert hatten. Jetzt, da sich die Situation zu beruhigen schien, wagte man es, wenigstens eine Türe einen Nachmittag lang zu öffnen. Diese Information verbreitete sich ohne jede Werbung in der Stadt, sodass eine ansehnliche Zahl von Kunstfreunden vor Ort war.

Nach diesem Tag betrachtete nie wieder ein Mensch die Mona Lisa.

Auch in Washington wurden Pläne kultureller Natur geschmiedet. Zumindest versuchte Milan Svoboda, den Präsidenten davon zu überzeugen, dass ein Popkonzert im Kapitol ein starkes Symbol dafür wäre, dass es unter der weisen Führung von Bartholomew gelungen sei, zur Normalität zurückzugelangen. Bartholomew lehnte den Vorschlag ab, nicht weil er etwas gegen Kultur hatte, was zwar durchaus der Fall war, sondern weil ihm der vorgeschlagene Zeitpunkt nicht gefiel. »Zu weit weg von den Wahlen«, sagte er. »Bis die Leute zu den Urnen gehen, ist der Effekt wieder verpufft.«

Viel mehr als so eine PR-Veranstaltung interessierte ihn

der immer noch nicht gefundene Slogan für seinen Wahlkampf. Von den Vorschlägen, die ihm Svoboda jeden Tag unterbreitete, hatte ihm bisher noch keiner gefallen, und seine eigene optimistische und zukunftsweisende Idee, »The Happiest Place on Earth«, hatte er schweren Herzens aufgeben müssen, nachdem er erfahren hatte, dass die Disney Corporation das Copyright an dieser Formulierung besaß.

»Dabei war das so eine tolle Idee«, sagte er in weinerlichem Ton.

Svoboda stopfte sich eine Handvoll M&Ms in den Mund, eine Köstlichkeit, die es wahrscheinlich außerhalb des Weißen Hauses nirgendwo sonst in Amerika mehr gab, um nichts Unbedachtes zu sagen. Schließlich unterbreitete er einen Vorschlag: »Vielleicht müssten wir Sie als Kriegspräsidenten ...«

»Kommt nicht infrage«, sagte Bartholomew kategorisch. »Krieg macht unsympathisch.«

»Oder wir betonen die Weisheit Ihrer Amtsführung. Bartholomew, der amerikanische Solon.«

»Der amerikanische was?«, sagte der Präsident.

Svoboda kam nicht mehr dazu, die Frage zu beantworten, denn in diesem Moment stürzte, ohne angemeldet zu sein oder auch nur anzuklopfen, Lynette Murphy ins Zimmer. Bartholomew hatte die frühere Botschafterin zur Chefin des CIA gemacht, weil man ihm gesagt hatte, Frauen in Führungspositionen kämen bei den Wählerinnen gut an. Ms. Murphy – sie legte Wert darauf, weder als Miss noch als Mrs. angesprochen zu werden – kam nicht allein. Sie hatte einen Mann mitgebracht, den weder Bartolomew noch Svoboda kannte, einen langhaarigen Intellektuellen in einem Anzug, den er offensichtlich von der Stange gekauft hatte.

»Mr. President, das ist Professor Wineberg«, sagte Lynette. »Der führende Zoologe unseres Landes. Er hat mir eine Information überbracht, die Sie sofort hören müssen.«

Oodles rollte sich in seinem Körbchen bequem zusammen, legte den Kopf auf die Vorderpfoten und schloss die Augen. Was Professor Wineberg gleich berichten würde, wusste er ja schon.

Invasion

Sciurus vulgaris!«, sagte Professor Wineberg und wischte sich den Schweiß von der Stirne. »Das müssen Sie sich vorstellen! *Sciurus vulgaris* in Massachusetts! *Marmota bobak* in Colorado! Und *Hystrix indica*! Und *Spermophilus musicus*!«

Die Tatsache, dass Präsident Barholomew das letzte Fremdwort verstanden zu haben glaubte, verwirrte ihn noch mehr, als er es ohnehin schon war.

»Was für ein Musikus?«, fragte er.

Aber Professor Wineberg hatte so lang darauf warten müssen, seine Botschaft zu verkünden, dass er sich jetzt nicht unterbrechen ließ. »*Sorex satunini!*«, sagte er im Ton eines Mannes, der ein unwiderlegbares Argument auf seiner Seite hat. »*Sorex volnuchini! Sorex tundrensis!*« Und schlug dabei jedes Mal mit der flachen Hand auf das Resolute Desk.

Milan Svoboda, der auch erfolgreiche Gesprächsführung unterrichtete, kam seinem Präsidenten zu Hilfe. »Sie müssen unseren laienhaften Mangel an Vorkenntnissen entschuldigen, Herr Professor«, sagte er. »Wenn Sie uns vielleicht erklären würden, was zum Beispiel *sorex* bedeutet?«

»Spitzmaus!«, sagte Professor Wineberg mit der Ungeduld eines Dozenten, der gerade von einem schlechten Studenten unterbrochen worden ist.

»Soso, die Spitzmaus«, sagte Svoboda. »Und was ist an diesem zweifellos niedlichen Tierchen so wichtig, dass Sie unbedingt den Präsidenten der Vereinigten Staaten darüber informieren müssen?«

»Es gibt sie nicht!« Wineberg wurde immer lauter. »Diese Spitzmaus gibt es nicht!«

»Ich verstehe nicht …«

»Es gibt sie nicht, aber es gibt sie! Überall gibt es sie! Begreifen Sie denn nicht, was das bedeutet?«

»Mrs. Murphy«, sagte Bartholomew und verwendete absichtlich die falsche Anrede. »Was hat Sie veranlasst, diesen offensichtlich verwirrten Menschen hierher zu bringen?«

»Ich bin nicht verwirrt!«, schrie Wineberg. »Ich bin Zoologe!«

Oodles suchte sich eine bequemere Position. Er mochte es nicht, wenn die Leute Krach machten, wenn er schlafen wollte.

»Bitte lassen Sie Professor Wineberg ausreden«, sagte Lynette Murphy. »Geben Sie ihm fünf Minuten. Glauben Sie mir: Es werden die wichtigsten fünf Minuten in der Geschichte der Vereinigten Staaten sein.«

Damit hatte sie recht.

»Na schön«, sagte Bartholomew. »Fünf Minuten. Was ist nun also mit dieser Spitzmaus?«

»Die Spitzmaus ist nicht wichtig«, sagte der Professor. »Oder doch nicht das Wichtigste. Da ist auch noch *Desmana moschata*!«

»Wenn Sie das freundlicherweise für uns Laien übersetzen würden«, sagte Svoboda schnell.

»Ein Desman ist ein Maulwurf. Der aber im Wasser lebt.«

»Im Wasser?«

»Ja, wie ein Biber. Nur tut er das ganz bestimmt nicht im Mississippi. Und doch hat man dort ein Exemplar davon gefunden. Mehrere Exemplare!«

»Das mag ja alles sehr interessant sein«, sagte Svoboda. »Für Zoologen, meine ich. Aber ich verstehe nicht ...«

»Und was ist mit der Streifenhyäne?«, unterbrach ihn der Professor. »Mit dem Steppenfuchs? Mit dem Feuerwiesel? Alles Tiere, die es bei uns nicht gibt. Und die es jetzt plötzlich doch gibt. Überall in den Vereinigten Staaten.«

Lynette Murphy merkte, dass Präsident Bartholomew einem seiner berüchtigten Wutanfälle nahe war, und griff schnell ein. »Vielleicht sollten Sie dem Herrn Präsidenten erklären, was diese Tiere gemeinsam haben?«

»Habe ich das nicht gesagt?«

»Noch nicht.«

»Sie kommen aus Russland! Alle diese Tiere sind in Russland heimisch. In Amerika kommen sie nicht vor. Und auf einmal ... Auf einmal sind sie bei uns. Im ganzen Land! Das kann nur eines bedeuten.« Professor Wineberg konnte nicht weitersprechen, weil er sich vor Aufregung verschluckt hatte. Präsident Bartholomew schob ihm sein Wasserglas hin, und Wineberg trank es auf einen Zug leer. Als er weitersprach, war seine vorher so laute Stimme zu einem Flüstern geworden, was seine Botschaft noch unheimlicher machte. »Eine Invasion«, flüsterte er. »Das kann nur bedeuten, dass hier eine feindliche Invasion im Gange ist.«

»Aus Russland?« Bartholomew flüsterte jetzt auch.

»Woher sonst? Sowohl *Mustela sibirica* wie *Vulpes corsac*

leben sonst ausschließlich in Russland! Ausschließlich, verstehen Sie?«

»Und das bedeutet, Ms. Murphy?« Diesmal verwendete Bartholomew die richtige Anrede.

Wenn sie referieren konnte, war die Chefin der CIA in ihrem Element. »Meine Analysten sind sich einig, dass all diese Tiere nicht zufällig und nicht von sich aus in unser Land gekommen sind. Es muss sie jemand auf den Weg gebracht haben. Und das wohl nicht in freundlicher Absicht.«

Auch damit hatte sie recht, wenn sie den Hintergrund der Invasion auch völlig falsch deutete. Alle diese fremden Tiere waren als Teil eines Plans auf einem Frachter namens Zukunft in Alaska gelandet und hatten sich mit der Hilfe anderer Spezies über das ganze Land verteilt. Mit dem einzigen Ziel, von Zoologen erkannt und als Eindringlinge aus Russland identifiziert zu werden.

»Meine Leute können noch nicht mit letzter Sicherheit sagen«, fuhr Lynette Murphy fort, »welche Absichten mit dieser Invasion verfolgt werden und wer genau dahintersteckt. Aber nach den Katastrophen der letzten Monate liegt die Vermutung nahe …«

»Russland«, sagte Bartholomew.

Einen Moment lang war es ganz still im Oval Office.

Fast zur selben Zeit fand in Beijing ein ähnliches Gespräch statt.

»Russland«, sagte Generalsekretär Hu Mingze.

Die anderen Mitglieder des Zentralkomitees nickten, wie sie es immer taten, wenn ihr Vorsitzender sich geäußert hatte.

»Wieso hat unser Geheimdienst die Invasion nicht früher bemerkt?«

Der Leiter des Ministeriums für Staatssicherheit ließ den Kopf hängen. Er wusste, er würde seinen Posten nicht mehr lang innehaben.

Dabei – wie hätte jemand bemerken sollen, dass beim Xingkai-See Spitzmäuse, Maulwürfe und Feuerwiesel die Grenze überquert hatten? Die Grenztruppen waren schließlich nicht für die Verteidigung gegen Tiere ausgebildet.

»Russland«, wiederholte Hu Mingze. »Das wird Folgen haben.«

Im Büro von Präsident Valentin Mutko im Kreml berichteten die Zoologen nicht von invasiven russischen Tierarten, sondern von amerikanischen. Und überzeugten auch dort den Präsidenten davon, dass das plötzliche Auftauchen von Gattungen, die auf einen anderen Kontinent gehörten, kein Zufall sein könne, sondern dass hier eine gewaltige Bedrohung vorliege. Sie hatten noch leichteres Spiel als Professor Wineberg. Im Kreml gehörten Verschwörungstheorien zum Alltag.

»Amerika!«, hieß es in Moskau.

»Russland!«, in Beijing und Washington.

Und weil Menschen nun mal Menschen sind und damit nicht zu den wirklich intelligenten Spezies des Planeten gehören, wurden in allen drei Hauptstädten exakt dieselben Überlegungen angestellt und exakt dieselben falschen Schlüsse gezogen.

»Middleton soll sofort kommen!«, befahl Präsident Batholomew. Da die Telefonverbindung nach Arlington wieder funktionierte, machte sich der Chairman der Joint Chiefs of Staff sofort auf den Weg vom Pentagon ins Weiße Haus. In Moskau und Beijing musste kein entsprechender

Befehl gegeben werden. Die Befehlshaber der Streitkräfte saßen bereits in der Runde.

»Wir werden angegriffen!«, sagte Bartholomew, sobald der General eingetroffen war. »Ein hinterlistiger Plan, bei dem Tiere als Waffen eingesetzt werden!«

»Was für Tiere, Mr. President?«

»*Marmota bobak!*«, sagte Professor Wineberg. »*Hystrix indica!*« Er hätte wohl die ganze Liste der russischen Invasoren aufgezählt, aber Lynette Murphy unterbrach ihn.

»Meine Analysten können noch nicht mit letzter Sicherheit sagen, wie genau der Angriff aussehen wird, der von dieser fünften Kolonne vorbereitet wird, aber …«

»Sie haben unsere Felder verwüstet!«, sagte Bartholomew, und es klang wie eine Wahlkampfrede. »Sie haben unsere Städte unbewohnbar gemacht! Sie haben Krankheiten verbreitet! Aber diesmal werden unsere tapferen Streitkräfte mit voller Kraft zum Gegenangriff schreiten! Das ist ein Befehl!«

»Zum Gegenangriff gegen wen?«, fragte der CJCS.

»*Sorex satunini!*«, begann Professor Wineberg wieder aufzuzählen. »*Sorex volnuchini! Sorex fundrensis!*«

»Spitzmäuse«, erklärte Lynette Murphy.

»*Soricidae*«, sagte Professor Wineberg. »Gehören trotz ihres Namens nicht zu den Nagetieren, sondern zu den Insektenfressern.«

»Insektenfresser?«

»*Eulipotyphla.*« Wineberg machte ein Gesicht, als ob damit alles erklärt wäre. »Eine Säugetierfamilie mit mehreren hundert Unterarten. Von denen einige nur in Russland vorkommen. Definitiv nur in Russland.«

»Und die müssen wir bekämpfen«, sagte Bartholomew.

Im Pentagon wusste man: Wenn General Middleton so dastand, in Achtungsstellung und mit durchgedrücktem Rücken, als ob er eine Parade abnehmen würde, dann flogen bald die Fetzen.

»Ich möchte darauf aufmerksam machen«, sagte Middleton mit scheinbar ganz ruhiger Stimme, »dass die Soldaten der us-Streitkräfte keine Kammerjäger sind. Wir bekämpfen keine Mäuse.«

»Insektenfresser«, sagte Wineberg.

»Das ist ein Missverständnis«, versuchte Svoboda den aufgebrachten General zu beruhigen. »Selbstverständlich würde Präsident Bartholomew nie auf den Gedanken kommen, die von ihm ganz besonders geschätzten Streitkräfte unseres Landes für eine so unwürdige Aktion einzusetzen.«

»Nie!«, sagte Bartholomew, obwohl er noch nicht so genau wusste, worauf Svoboda hinauswollte.

»Es geht nicht um irgendwelche Mäuse …«

»Insektenfresser!«

»… die wir, wie Sie so witzig sagten, getrost den Kammerjägern überlassen können, sondern um die Hintermänner. Um die Anstifter.«

»Hier ist ein teuflischer Plan im Gang«, sagte Bartholomew.

»Wenn meine Analysten auch noch nicht mit letzter Gewissheit sagen können …«

»Aber unsere tapferen Soldaten …«

»Gegen die der Feind keine Chance hat …«

»Feind, aha.« Das war das erste vernünftige Wort, das General Middleton in der letzten Viertelstunde gehört hatte. »Und wer ist dieser Feind?«

»Russland«, sagte Präsident Bartholomew.

»Russland«, sagte Generalsekretär Hu Mingze.

»Amerika«, sagte Präsident Mutko. »Wahrscheinlich in einem geheimen Bündnis mit China.«

Oodles schlief weiter. Er hatte seinen Beitrag geleistet und mit dem Leben abgeschlossen.

Finale

Die Menschen hatten sich den Ursprung der Katastrophen, die sie seit Beginn des Jahres 2034 erlebt hatten, nie erklären können. Natürlich wussten sie, dass Tiere damit zu tun hatten, dass Herden von Wildschweinen ihre Felder verwüstet und Millionen von Fledermäusen die Bewohner einer Stadt terrorisiert hatten, aber wie es dazu gekommen war, ahnten sie nicht. Und was ihnen ebenso wenig klar war: dass auch die Seuchen, die sich überall verbreiteten, in denselben Zusammenhang gehörten.

Zahlreiche Spezialisten – zumindest so zahlreich, wie sie noch existierten – hatten das ungewohnte Verhalten der Tiere beobachtet, und bei der Menge der involvierten Tierarten hatte die Vermutung nahegelegen, dass eine Veränderung, die so verschiedene Spezies wie Fledermäuse und Wildschweine betraf, einen gemeinsamen Ursprung haben müsse. Wo dieser Ursprung gesucht werden müsse, darüber waren sich die Gelehrten allerdings nie einig geworden.

Natürlich hatte es jede Menge Theorien gegeben, und natürlich hätte es nicht dem menschlichen Charakter entsprochen, wenn nicht jeder Wissenschaftler davon überzeugt gewesen wäre, seine Antwort sei die richtige. Manche vertraten die Ansicht, dass eine Ionisierung der Luft, wie man sie vor Erdbeben und Vulkanausbrüchen oft beobachten könne, bei den Tieren zu einer unbezähmbaren Unruhe geführt habe. Sie ließen sich von dieser Meinung auch nicht durch den Hinweis abbringen, dass es in den letzten Jahren weder größere Erdbeben noch Vulkanausbrüche gegeben habe. Andere wiederum vermuteten eine von Prionen verursachte Veränderung der tierischen Hirnsubstanz nach dem Muster der bovinen spongiformen Enzephalopathie (Rinderwahn) und hielten die Tieranatomen, die trotz aller Bemühungen keine solchen Veränderungen feststellen konnten, für unfähige Dilettanten. Und natürlich gab es verschiedenste religiöse Erklärungen, die den Gläubigen nur schon deshalb unwiderlegbar erschienen, weil sie unbeweisbar waren.

Auf die Antwort, dass die Tiere, und zwar alle, einfach intelligenter geworden waren, dass sie die Probleme des Planeten Erde analysiert hatten und sich entsprechend verhielten, kam niemand. Der gedankliche Bogen von einem niedlichen Katzenvideo zur weltweiten Hungersnot war für die Menschen zu weit.

Lange Zeit hatte ein Zustand allgemeiner Unsicherheit geherrscht, und das erträgt Homo sapiens sehr schlecht. Der Drang, eine Erklärung zu finden, die, wenn sie nur einfach war, auch falsch sein durfte, war immer stärker geworden. Nicht nur bei Präsident Bartholomew traf deshalb die Vermutung, ein feindlicher Staat habe die Tiere zu ihrem ungewöhnlichen Verhalten angestiftet, auf offene Ohren. Wie ein solches Meisterstück der Tierdressur gelungen sein sollte, wusste zwar niemand zu sagen, und auch der Einwand, dass ja alle Länder von Hungersnot und Seuchen betroffen seien, wurde mit dem Argument beiseitegewischt,

man habe schon mehr als einmal erlebt, dass ein gefähr-
liches Experiment außer Kontrolle geraten sei.

Im Hochgefühl einer scheinbaren Gewissheit stellte
auch niemand die Frage, wie genau die fremden Tiere dem
eigenen Land gefährlich werden sollten. Aber darauf kam
es auch nicht an. Das Entscheidende war: Man hatte endlich einen Schuldigen.

Man hatte endlich einen Feind.

Feinde kann man bekämpfen. Man musste nur die entsprechenden Befehle geben.

Präsident Bartholomew hatte sich zwar bei Amtsantritt
vorgenommen, Entscheidungen mit allzu weitreichenden
Auswirkungen zu vermeiden, weil man nie wusste, wie
sie sich auf die Chancen für seine Wiederwahl auswirkten,
aber Milan Svoboda beruhigte ihn in dieser Hinsicht. Ge-
wonnene Kriege hatten die Beliebtheit eines Amtsinhabers
stets gesteigert.

Also erteilte Präsident Bartholomew einen Befehl, und
General Middleton stand noch strammer da als zuvor und
sagte: »Yes, Sir, Mr President.«

Dann ging alles sehr schnell.

Die Staaten hatten ihre gegenseitige Sicherheit nach dem
Prinzip der »Mutual Assured Destruction« (mit dem nicht
ironisch gemeinten Akronym MAD) aufgebaut. Solang jeder
Staat die Fähigkeit hatte, einen Feind von der Landkarte
zu tilgen, war die Überlegung, konnte es gar keine Feinde
mehr geben, weil aus Angst kein potenzieller Gegner einen
Angriff wagen würde. Und wenn er es dann doch tat – nun
ja, dann war es seine eigene Schuld, wenn sein Land bald
nicht mehr existierte. Um den Erfolg dieser Doktrin zu ga-

rantieren, hatte man auf allen Seiten ein riesiges Arsenal an Sprengköpfen angesammelt und ein kompliziertes technisches System eingerichtet, um sie auch unter schwierigsten Bedingungen ins Ziel zu bringen.

Keiner der Konstrukteure dieses Systems überlebte den Krieg. Aber sie wären bestimmt alle sehr stolz darauf gewesen, wie perfekt alles exakt so funktioniert hatte, wie sie es an ihren Computern geplant hatten. Präsident Bartholomew musste nur einen Zahlencode übermitteln, und schon fielen die nuklearen Dominosteine einer nach dem anderen.

Als im Kreml bekannt wurde, dass in den USA mehrere ICBMS vom Typ Minuteman III W87/Mk21 gestartet worden waren, versuchte Präsident Mutko zwar noch, Bartholomew telefonisch zu erreichen, aber die Verbindung (früher einmal rotes Telefon genannt) kam nicht zustande. Auch dafür hatten die Tiere gesorgt. Mutko verblieben nur wenige Minuten, um sich für eine Reaktion zu entscheiden, und natürlich entschied er so, wie man es von einem Menschen erwarten konnte. Die im Atlantik stationierten U-Boote vom Typ der Oscar-II-Klasse erhielten die entsprechenden Befehle.

Generalsekretär Hu Mingze wurde vom Geheimdienst der Volksbefreiungsarmee über den Start der russischen Raketen informiert. Es war ihm sofort klar, gegen wen sich der Angriff richtete, und er ordnete entsprechende Gegenmaßnahmen an. Die Dongfeng 8 hatte eine Reichweite von 13 500 Kilometern. Von Moskau nach Washington sind es noch nicht einmal 6000. Das würde reichen.

Es reichte.

Der Dritte Weltkrieg dauerte nur wenige Stunden und

führte zu einer radikalen Reduzierung des Bestands an Homo sapiens. Die wenigen Menschen, die in kleinen Gruppen überlebten, stellten auf absehbare Zeit keine Bedrohung für den Planeten mehr dar.

Obwohl niemand mehr da war, der eine entsprechende Statistik hätte führen können, lassen sich doch einige Zahlen festhalten:

Die USA setzten 4388 von ihren insgesamt 5800 nuklearen Sprengköpfen ein und erreichten dabei eine Zielgenauigkeit von 78 Prozent. Von den 6375 russischen Sprengköpfen erreichten wegen einiger Pannen beim Start der Interkontinentalraketen nur knapp 4000 ihr Ziel (Zielgenauigkeit 71 Prozent). China erreichte mit 310 von 320 Sprengköpfen eine fast hundertprozentige Quote bei der Verwertung seines Arsenals. Ob durch eine Panne bei der Programmierung oder aus Absicht trafen fast 20 Prozent davon Taiwan. Frankreich und das Vereinigte Königreich unterstützten die verbündeten USA mit 201 (von 290) und 147 (von 215) Sprengköpfen. Indien und Pakistan nutzten die Gelegenheit, dem jeweils anderen einen vernichtenden Schlag zu versetzen, was ihnen auch gelang. Nordkorea schaffte es, Südkorea von der Landkarte zu tilgen, kurz bevor es vom selben Schicksal ereilt wurde. Israel war die einzige Atommacht, die keine ihrer Waffen einsetzte, weil das Land schon ganz am Anfang des Krieges durch eine verirrte amerikanische ICBM ausgelöscht worden war.

Der Verlust an Menschenleben betrug erfreuliche 98 Prozent.

Die Tiere hatten im Lauf der Evolution keine so unnötige Eigenschaft wie ein Gewissen entwickelt. Und hätten sie auch darüber verfügt, so wäre der erfolgreiche Ausgang des Kriegs dennoch kein Grund gewesen, es zu aktivieren. Außerdem hätte es sich schnell wieder beruhigen lassen. Schließlich hatte Homo sapiens seine Ausrottung selbst besorgt. Die Tiere hatten ihn bloß dazu angeregt. Früher oder später, diese Neugierde war nun mal im menschlichen Charakter begründet, hätte er die angehäuften Waffenvorräte auch ohne die Vorfälle der vierten Angriffswelle einmal ausprobieren wollen.

Natürlich fielen auch sehr viele Tiere den Bomben zum Opfer. Aber da keine Schlachtungen durch den Menschen mehr stattfanden, blieben die Gesamtbestände weitgehend stabil. So stand den rund 70 Milliarden im Krieg gefallenen Hühnern die Zahl von rund 60 Milliarden ihrer Artgenossen gegenüber, die vor Beginn des großen Feldzuges jährlich geschlachtet worden waren (knapp 2000 pro Sekunde). Bei den Schweinen (Schlachtrate 44 pro Sekunde) und den Rindern (Schlachtrate 10 pro Sekunde) war das Verhältnis ähnlich.

Am meisten profitierten Fische und andere Meeresbewohner von der Ausrottung der Menschen. Vom Wasser geschützt, hatten sie unter den Bomben und der daraus resultierenden Strahlung am wenigsten zu leiden, während vor dem Krieg jedes Jahr rund 85 Milliarden von ihnen der Fischerei zum Opfer gefallen waren.

Die Vorsichtsmaßnahme, dass sich manche in ihrem Bestand ohnehin gefährdeten Tierarten rechtzeitig in abgelegene Gebiete zurückgezogen hatten, wo sie vom Kriegsgeschehen nicht oder nur wenig tangiert wurden, erwies sich als weitgehend erfolgreich. So stieg die Zahl von Amurleoparden nach dem Krieg in wenigen Jahren auf über 200, und auch der Bestand an Java-Nashörnern wurde wieder dreistellig. Ähnliche Anstiege wurden beim Berggorilla und bei der Echten Karettschildkröte verzeichnet.

Ein nicht geplanter, aber positiver Nebeneffekt stellte sich zusätzlich ein: Manche der zur psychologischen Kriegsführung auf andere Kontinente versetzte Tierarten gediehen in der neuen Umgebung.

Die Strahlung der Bomben führte natürlich zu Mutationen, von denen die meisten schädlich waren. Auch das war einberechnet worden, und man war zum Schluss gekommen, dass man solche Schädigungen im Interesse des größeren Ziels in Kauf nehmen müsse. Nur einen Effekt, der sich schleichend im Lauf mehrerer Jahre einstellte, hatte man nicht vorausgesehen, und er wurde von den Tieren selbst auch kaum bemerkt, obwohl er, im großen Zusammenhang betrachtet, der positivste von allen war.

Nach dem Krieg existierten keine menschlichen Wissenschaftler mehr, die sich an der Erklärung des überraschenden Phänomens hätten versuchen können. Der richtige Mann dafür wäre Dr. del Castro von Reviron Inc. gewesen. Er wäre vielleicht in der Lage gewesen, die Veränderung des tierischen Erbguts durch sein Retrovirus wieder rückgängig zu machen.

Denn genau das passierte, wenn auch nur langsam und über mehrere Generationen: Die Tiere verloren die neue Intelligenz wieder und kehrten allmählich zu ihrem Urzustand zurück.

Das war auch gut so. Intelligenz, das hatte man beim Menschen gesehen, kann sehr zerstörerisch sein.

Auf **diogenes.ch/newsletter** erfahren Sie zuerst von Neuerscheinungen und Neuigkeiten unserer Autoren.

Oder schauen Sie hier vorbei:

George Orwell
Farm der Tiere
Ein Märchen

Diogenes

Fabel
Aus dem Englischen von Michael Walter
Mit einem Nachwort des Autors
160 Seiten
Auch erhältlich als eBook, Hörbuch und Download-Hörbuch

»Die Fabel vom Aufstand der Tiere des Farmers Jones und vom allmählichen Umschlag der Revolution in ihr den status quo ante wiederherstellendes Gegenteil gehört zu den bekanntesten literarischen Werken des 20. Jahrhunderts. Der Satz ›Alle Tiere sind gleich, aber einige Tiere sind gleicher als andere‹ wurde zum geflügelten Wort.«
Kindlers Neues Literatur Lexikon